인생은 **뇌**에 달려 있다

브레인 이노베이션

BRAIN INNOVATION

김병완

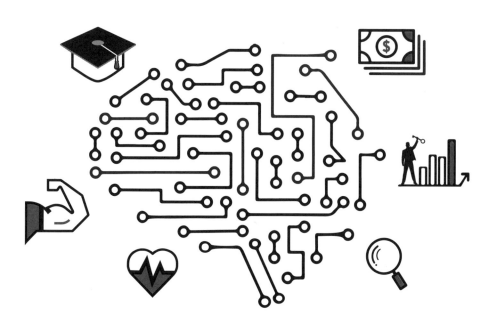

플랫폼연구소

인생은 브레인에 달려 있다

지금 성공하지 못하고 실패만 거듭하고 변변치 못한 인생을 살고 있는가?

당신은 공부에서도, 직장에서도, 가정에서도, 사회에서도 별다른 재미도 흥미도 즐거움도 없이 그저 그렇게 하루하루 희망을 잃은 채 살아가고 있는가?

당신은 하루하루 불행하고 우울한가?

당신은 월말에 밀려드는 신용카드 연체대금과 주택대출 고지서와 여러 가지 세금과 갚아야 할 할부금 때문에 힘겨운 삶을 살고 있는가?

아무리 공부를 해도 성적이 제대로 나오지 않는가?

남들보다 못한 건강 때문에 큰일을 하려고 해도 건강 걱정이 가장 앞서는가?

당신이 부자가 되지 못하고, 성공하지 못하고, 건강하지 못하고, 행복하지 못하고, 공부의 신이 되지 못하는 이유는 너무나 많다.

하지만 한 가지 분명한 사실은 당신이 인생을 바꾸고 싶다면, 무엇보다 당신의 뇌를 바꾸어야 할 필요가 있다는 사실이다.

왜냐하면 당신의 뇌를 지금보다 1%만 더 이해하고, 활용하고, 단련하고, 자극하고, 움직인다면 당신의 인생은 99% 달라질 수 있기 때문이다.

이 책이 당신에게 제시해 줄 한 가지 명확한 것은 '인생을 바꾸고 싶다면 먼저 뇌부터 바꾸어야 한다'는 사실에 대한 새로운 인식이다.

그리고 그다음으로 당신이 성공하고 싶다면 뇌를 어떻게 움직여야 하는지, 행복해지고 싶다면 뇌를 어떻게 자극해야 하는지, 공부의 신이 되고 싶다면 어떻게 뇌를 압박해야 하는지, 부자가 되고 싶다면 어떻게 뇌를 이용해야 하는지, 건강하고 싶다면 어떻게 뇌를 단련해야 하는지에 대해서 알려 줄 것이다.

필자의 주장대로 실천한다면 당신은 반드시 소기의 목적을 달성하고 이를 이룰 것이다. 필자가 장담할 수 있는 이유는 뇌를 바꾸기 전의 당신과 뇌를 바꾼 후의 당신이 확실하게 달라질 것을 확신하기 때문이다.

명심하라.

'성공, 건강, 행복, 부자. 즉, 당신의 인생은 당신의 뇌에 달려 있다.'

김병완

PART 1 ●
성공과 부는 뇌에 달려 있다

1장 ● 성공하고 싶다면 뇌를 움직여라

2장 ● 부자가 되고 싶다면 뇌를 이용하라

PART 2 ●

건강과 행복은 뇌에 달려 있다

3장 ● 건강하고 싶다면 뇌를 단련하라

4장 ● 행복해지고 싶다면 뇌를 자극하라

PART 3 ●
고수가 되고 싶다면 뇌를 활용하라

5장 ● 공신이 되고 싶다면 뇌를 압박하라

6장 ● 업무의 달인이 되고 싶다면 뇌를 자극하라

시종일관 힘차게 일에 열중하면서 무엇을 하든 성공하는 사람이 되고 싶은가?

그렇다면 뇌 속에 자기만의 생각을 담아둘 필요가 있다.

물론 단순히 뇌에 생각을 가득 담는 것만으로는 충분하지 않다.

제대로 활용할 줄 알아야 한다.

뇌를 활용할 줄 모르면 사소한 일에 발목이 잡혀 주저앉거나

일시적인 충동에 무릎을 꿇어 결국 자신의 나약함만 탓하게 될 것이다.

또는 늘 불안에 떨면서 쓸데없이 약해지거나 우울해질 것이다.

우리는 대개 뇌를 허비하면서 살아간다. 아무것도 아닌 일에 벌벌 떨며 걱정하느라,

잡스러운 일에 멍하니 정신이 팔려 있느라,

해야 할 일 목록에 치여 이리저리 부산을 떠느라 뇌신경(뉴런)을 낭비하고 있다.

: 에릭 마이젤, 앤 마이젤, <뇌내 폭풍>, 14p.

Brain
Enovation

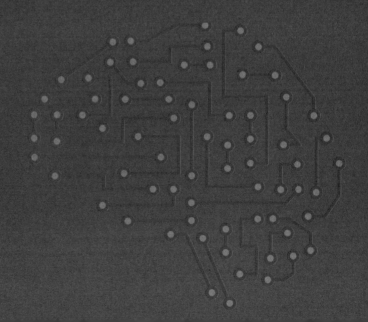

PART 1 ●

성공과 부는
뇌에 달려 있다

1장

성공하고 싶다면
뇌를 움직여라

"우리의 두뇌는 기본적으로 편협한 틀로 이루어져 있다. 즉 가능하다고 생각되는 것만을 정의하고 규정하려고 한다. 따라서 인생에서 난제와 딜레마, 막다른 벼랑 끝 등을 만나면 우리는 해결이 불가능하다는 판단을 내리고 좌절한다. 우리가 해야 할 일은 그 편협한 틀을 확장하거나 그 주변에 새로운 틀을 만드는 것이다. 그러면 문제는 사라지고 새로운 가능성이 나타날 것이다."

_ 벤저민 잰더 외, <가능성의 세계로 나아가라>

"신이 우리에게 준, 성공에 필요한 두 가지 도구는 교육과 운동이다. 하나는 영혼(뇌)을 위한 것이고, 다른 하나는 신체를 위한 것이다. 하지만 이 둘은 결코 분리될 수 없다. 둘을 함께 추구해야만 완벽함에 이를 수 있다."

_ 플라톤

뇌가 차이를 만든다

'뇌가 차이를 만든다.'

이것이 결론이다. 그렇기 때문에 위대한 기업에는 뇌를 자극하는 독특한 문화가 있고, 위대한 승자들에게는 승자들만이 가진 독특한 승자의 뇌가 있다.

인생을 바꾸는 것은 습관이다. 그런데 습관이 형성되기 위해서는 뇌가 완전하게 바뀌어야만 한다. 바로 이런 점에서 인생을 바꾸는 것은 뇌인 것이다.

우리의 뇌는 새롭고 자극적인 일을 새로운 방식으로 새로운 도전 의식을 가지고 할 때 최고로 잘하는 구조를 가지고 있다. 그래서 기업 문화가 중요하다.

진부하고 고루한 평범한 기업 문화 속에서 10년 동안 일한 사람이 만약 초일류 기업 문화를 가진 조직에서 10년 동안 일했다면 전혀 다른 사람이 되어 있을 수 있다는 것이 필자의 주장이다.

그리고 이러한 주장의 토대가 되는 것이 바로 우리는 환경을 스스로 만들 수 있지만, 우리가 만든 환경이든 주어진 환경이든 그 환경에 의해 우리가 영향을 받을 수밖에 없다는 사실이다.

그리고 우리가 영향을 받는 것은 바로 우리의 뇌가 가장 먼저 영향을 받기 때문이다. 그리고 같은 환경 속에서도 서로 다른 영향을 받는 이유는 생각이 다르기 때문이다. 그리고 그 생각 역시 바로 뇌가 다른 생각을 하도록 만들기 때문이다.

뇌의 측면을 의식하지 않은 채 우연히 '어떤' 일을 '어떤' 방식으로 했을 때, 그것이 뇌를 100% 활용할 수 있는 방식과 일이라면 반드시 놀라운 성과가 창출된다.

세상의 모든 일상사에서, 알게 모르게 뇌의 기능을 극대화시키는 방법을 발견한 사람이나, 우연히 뇌를 극대화시키는 방법을 사용하게 된 사람이나 기업, 국가는 크게 성장할 수 있다는 것이 필자의 주장이다.

이런 대표적인 기업이나 사람을 들라면, 애플, 사우스웨스트 항공, 그리고 레오나르도 다 빈치를 말할 수 있을 것이다.

애플의 경우를 살펴보면, 스티브 잡스가 애플에 다시 복귀하기 전에는 애플은 뇌를 움직이게 하는 기업이 아니었다. 그 결과 적자에 허덕이는 몰락하는 기업에 속했을 뿐이다. 하지만 스티브 잡스와 같은 혁신의 아이콘이 애플에 복귀한 후 애플은 다시 도약하기 시작했다.

스티브 잡스의 경영 스타일은 한마디로 임직원들의 잠재력을 무한하게 끌어올리는 스타일이었다. 스티브 잡스는 알게 모르게 임직원들의 뇌를 자극하고, 뇌를 움직이게 할 줄 알았던 경영자였던 것이다.

세계적인 경영 구루인 짐 콜린스는 〈위대한 기업의 선택〉이란 책을 통해 다른 평범한 기업들보다 열 배 이상의 성과를 창출하는 기업들을 '10X 기업'이라고 명명하고, 그런 10X 기업이 다른 기업보다 열 배 이상의 성과를 창출하는 비결을 오랜 시간 연구하고 분석 결과를 피력한 적이 있다.

그 책을 보면, 10X 기업에는 다른 평범한 기업에는 없는 세 가지 특성이 있다고 한다. 그 특성 중 하나가 '광적인 규율'이라는 것인데, 애플에는 그런 광적인 규율이 있었다는 것이다.

스티브 잡스가 애플에 복귀한 후 가장 먼저 한 일은 '밤낮없이 일하는 문화'라는 광적인 규율을 형성하고 만든 것이었다. 즉, 임직원들은 스티브 잡스가 만든 새로운 문화 속에서 약간의 도전과 압박을 받게 되었던 것이다.

이 책의 후미에서 뇌를 자극하고 활용할 수 있는 여러 가지 요인을 계속해서 설명할 것이지만, 뇌가 좋아하는 것들 중 하나가 압박과 도전이라고 한다. 스티브 잡스는 어느 정도 나태해진 임직원들의 정신을 차리게 하면서, 밤낮없이 일하여 세상을 놀라게 하자는 도전 의식과 혁신 제품 개발이라는 압박을 임직원들에게 부여하기 시작했다.

이러한 분위기를 은근히 좋아하고 즐겼던 임직원들도 있었을 것이고, 이것을 싫어해서 회사를 그만둔 임직원들도 있었을 것이다. 하지만 이러한 분위기를 좋아하고 오히려 즐겼던 임직원들은 모두 뇌가 자극을 받고 뇌가 흥분한 사람들이라고 볼 수 있다.

위대한 성과 창출은 이렇게 뇌가 좋아하는 분위기, 뇌가 좋아하는 일을 할 때 가능해진다. 사우스웨스트 항공이나 레오나르도 다 빈치의 경우도 알게 모르게 뇌가 좋아하는 방식으로 일하는 방법을 터득하고, 남들이 못하는 업무를 즐겁게 즐기면서 해내게 되었고, 탁월한 성과도 창출한 것이라고 말할 수 있다.

생각해 보자.

지금 중국, 일본, 한국이 잘나가는 이유는 무엇일까? 이 세 나라 국민의 지능지수는 세계 일등 수준이다. 여기에 북한도 포함된다.

필자는 그 이유가 바로 '외부로 나온 뇌(腦)'인 '손'을 잘 활용하는 민족들이기 때문이라고 생각한다. 한마디로 젓가락 문화 말이다. 최근에 뇌과학이 발달하면서 손이 외부로 나온 뇌이며, 뇌의 대부분의 영역이 손과 가장 밀접하게 그리고 많이 연결되어 있다는 사실이 밝혀졌다.

우리나라 강원도에 고속도로가 생기기 전에 강원도보다 훨씬 먼 부산에 직통 고속도로가 있었다고 생각한다면, 서울이 뇌이고 부산이 손이라고 할 수 있다. 고속도로는 말할 것도 없고, 도로도 없는 전라도 지방에 내려가는 것과 부산에 가는 것의 차이가 큰 것처럼 뇌와 손의 관계도 그렇다고 생각하면 될 것이다.

결론은 손가락을 많이 활용하고 이용하는 것은 뇌를 자극하고 뇌를 이용하고 뇌를 잠에서 깨우는 것과 같다는 것이다. 피아노를 배우는 아이들의 두뇌가 발달하는 것도 이런 원리에서 보면 당연하지 않을 수 없다.

피아노를 비롯해 손가락을 사용하는 악기를 연주하면 뇌가 단련된다는 연구 결과는 끊임없이 나오고 있다. 그중에서도 인간의 뇌와 악기 연주와의 관계에 대한 놀라운 연구 결과가 최근에 나왔다. 이것은 '1000 생물학 보고 능력(Faculty of 1000 Biology Reports)'이라는 사이트에 소개되어, 전 세계에 알려졌는데, 이 연구를 주도한 사람은 스위스 취리히대학 심리학자인 루츠 잰케 교수이다.

그는 65세 이상의 노인들에게 악기를 일주일에 한 시간씩 4~5개월 동안 꾸준히 배우게 했다. 그러고 나서, 뇌와 IQ 점수 등을 악기 배우기 전과 후로 나누어 비교 분석한 결과, 악기를 배우면 어린이뿐만 아니라 성인, 노인들까지도 모두 머리가 좋아진다는 결론을 얻었다. 특히 그는 실제 IQ 점수가 평균적으로 7점이나 증가했다고 말했다. 그리고 그는 음성을 듣고, 처리하는 정보 인식 능력뿐만 아니라 기억력, 운동 감각까지 모두 좋아졌다고 했다.

즉, 악기를 연주하면 뇌의 형태와 기능이 모두 변화하기 때문에 학습 능력 중에서도 외국어 능력이 향상되고, 타인에 대한 배려도 넓어진다는 재미있고 놀라운 연구 결과를 발표한 셈이다. 악기 연주를 좋아했던 세기의 천재 아인슈타인이 생각나는 대목이다.

이 연구를 발표한 잰케 교수는 이러한 연구 결과가 음악가들과 일반인들의 뇌구조와 기능의 차이를 입증하는 증거라고 주장하고 있다.

굳이 이 연구 결과가 아니더라도, 손가락을 사용하여 악기를 리듬감에 맞추어 연주하기 위해서는 뇌의 많은 부분이 조화를 이루며 협동해야 하며, 그러기 위해서는 뇌의 전 부분이 활성화되어 잘 동작해야 하기 때문에, 뇌의 활성화에 도움이 될 것이란 것은 과학적으로 설명이 가능한 부분이고, 이러한 연구 결과는 그러한 과학적 이론을 뒷받침하는 사례라고 볼 수 있을 것이다.

손가락을 사용하여 피아노를 연주하면 지능이 많이 발달할 수 있다는 것은 지금까지의 연구들을 통해 추론해 낼 수도 있다. 즉, 손가락에 뇌의 많은 부분이 할당되어 있다. 그것도 왼손과 오른손 양손으로 피아노를 연주하며, 시각을 통해 악보를 인지하여, 그것을 다시 양손의 손가락의 움직임을 통제하면서, 동시에 피아노 소리를 귀로 듣고서, 동시에 그것을 다시 피드백(Feedback)하기 위해 뇌는 분석과 인지와 명령과 음악적 이해를 해야 한다.

이러한 피아노 연주의 특성 때문에 다른 어떤 악기보다도 피아노 연주가 뇌 활성화에 도움이 될 것이라는 결론들이 나오고 있다. 손을 사용하여 연주하는 악기 중에서도 피아노가 뇌 활성화에 탁월한 효과가 있다는 것이다.

보통 무언가 생각나지 않을 때 우리는 노트 공백에 아무 말이나 휘갈겨 쓰고, 그러다 보면 내용이 생각나는 경우가 있다.

이것은 손가락의 움직임에 뇌회로의 발화에 관한 비밀이 담겨 있기 때문에, 실제 효과를 내는 것이라고 볼 수 있다. 90%의 인류가 오른손잡이이기 때문에, 이것도 좌뇌 중심 방식이다. 즉, 앞선 예를 다시 보면 양손을 사용하여 악기를 연주하는 피아노로 뇌발달의 탁월성과 효과를 예측할 수 있는 것이다.

위대한 학자들이 모두 필기를 중요시했던 것도 이런 맥락에서 설명할 수 있다. 다산 정약용 선생이 18년 동안 유배지에서 500권의 저서를 남길 수 있었던 것도 그의 남다른 공부법인 '초서(抄書)' 때문이다. 그는 계속해서 베껴 쓰면서 손가락을 부단히 움직였고, 그 일은 뇌를 자극하고 뇌를 단련시켰다.

세종대왕이 세계에서 가장 위대한 글자인 한글을 창조할 수 있었던 것도 그의 남다른 공부법인 '백독백습(百讀百習)' 때문이라고 필자는 생각한다. 우리는 세종대왕이 독서를 유난히 좋아했다고 생각한다. 하지만 세종대왕이 좋아했던 것은 독서만이 아니다. 그는 눈으로 읽고 그치는 독서를 싫어했다. 그는 독서만큼 쓰는 것을 좋아했다. 그래서 100번 읽고 100번 쓰는 것은 그의 공부법이었다.

〈사서삼경〉을 비롯해 아버지 태종이 주는 책이면 어떤 책이든 밤을 새워 가며 읽으면서 한 번 읽고 한 번 쓸 때마다 '바를 정' 자를 표시하며, 백 번 읽으면 백 번 썼다고 한다. 결국 손가락을 부단히 움직였다는 것이다.

'70 평생에 벼루 10개를 밑창 냈고, 붓 천 자루를 몽당붓으로 만들었다.'

추사 김정희 선생이 친구인 권돈인에게 보낸 편지에 나오는 글이다.
추사 선생의 추사체가 그냥 나온 것이 아니다. 뇌를 남들보다 더 잘
활용하고 자극하고 단련했던 것이다. 바로 붓글씨를 통해서 말이다.

필자에게도 이런 경험이 있다. 그냥 독서를 할 때는 의식이 살아나지
않았다. 하지만 독서노트를 쓰기 시작하면서부터 의식이 깨어나고, 독
서한 만큼 머리에 무엇인가가 쌓이는 느낌을 받았다. 손가락을 움직여
서 무엇인가를 씀으로써 한편으로는 뇌를 깨우고 단련시켰던 것이다.
필기를 하면서 외우고 공부하면 오래 남고, 기억도 잘 나는 이유가
바로 이런 맥락이다. 시험을 보는데 내용이 생각나지 않을 때, 빈 공간
에 아무 내용이나 휘갈겨 쓰다 보면 생각이 떠오르기도 한다. 무의식적
으로 우리가 무엇인가를 휘갈겨 쓰면서 손가락을 움직이기 때문에 뇌
가 각성되고 깨어난 효과인 것이다.

〈미래혁명〉의 저자이자, 세계적인 미래학자인 앨빈 토플러는 21세기
정보화 시대를 지배하는 민족은 젓가락을 쓰는 민족이 될 것이라고 말
한 적이 있다. 그의 말에 필자가 100% 동의하는 이유는 뇌과학의 측면

에서 일리가 있는 말이기 때문이다.

조금 오래전에 출간된 책이지만 〈손가락 돌리기가 기적을 부른다〉라는 책을 보면, 엄지는 언어계, 검지는 심상계, 중지는 감정계, 약지는 자율계, 소지는 운동계로 연결되어 있기 때문에 손가락 운동을 통해 두뇌회전을 향상시킬 수 있다는 주장이 나온다.

손가락 활용과 글쓰기가 평범한 두뇌를 천재의 뇌로 바꾼다는 사실을 여기서는 맛보기로 말하지만, 책의 '제5장. 공부의 신이 되고 싶다면 뇌를 압박하라' 편으로 가면 더 자세하게 다룰 것이다. 그때까지만 참고 읽어 주기 바란다.

어찌되었든 분명한 사실 한 가지는 뇌를 이용하는 방법은 이처럼 한두 가지가 아니라는 사실이다. 그리고 이 사실이 의미하는 바는 여러 방법을 다양하게 사용해 뇌를 자극하는 사람일수록 훨씬 더 뛰어난 인생을 살아갈 토대를 마련할 수 있다는 점이다.

1등 기업, 항상 승리만 하는 회사에 가면 뭔가 달라도 다르다는 것을 직관적으로 느낄 수 있다. 예를 들어, 삼성이라는 기업 역시도 뇌를 단련시키는 시스템과 의식을 통해 임직원들의 뇌를 자극하였고, 뇌를 가장 잘 활용할 수 있는 기업 문화를 창출해 지금의 자리에 올랐다. 뇌를 가장 잘 활용하게 하는 기업 문화와 환경이 갖춰진 회사에서만 느낄 수 있는 1등 DNA, 즉 뭔가 다른 것이 분명 있는 것이다.

뱀의 뇌에게 말을 걸지 마라

~~~~~~

이 세상에서 성공하는 사람들을 잘 살펴보면 유독 재능이 뛰어난 사람보다는 인간관계가 좋아서 많은 사람의 도움을 쉽게 받는 사람이거나 혹은 상대방을 설득하는 능력이 뛰어나 상대방의 도움을 잘 얻어내는 사람인 경우가 많다.

그런 점에서 한 사람의 성공은 자기 자신만의 힘으로는 절대로 불가능하다는 것을 전제로 한다면, 성공의 필수적인 조건은 인간성이 좋고, 인간관계가 좋아야 한다는 것이고, 이러한 조건이 비슷한 경우라면 누가 더 상대방을 잘 설득하여 자신의 조력자로 만들 수 있느냐하는 것에 달려 있다.

만약 안철수와 문재인의 경우, 안철수가 상대방을 조금만 더 잘 설득하는 능력을 갖추었더라면, 그래서 문재인 후보를 설득하여 안철수 후보가 단일화에 성공했었다면 제18대 대선에서 대선 결과가 달라졌을 수도 있었을 것이다.

이처럼 인생이란 누군가와의 만남이고, 누군가를 잘 설득하여 얼마나 힘을 한곳에 집중할 수 있게 하느냐에 따라 성공과 부가 결정된다고 할 수 있다. 그런 점에서 설득력의 문제는 성공과 부와 직결된다고 할 수 있다.

그래서 설득에 대해 좀 더 심층적으로 이야기하고자 한다. 뇌과학적 측면에서 설득의 비결을 좀 더 확장시켜 심층적으로 이해하고자 하는 독자가 있다면 먼저 인간의 뇌가 어떤 구조인지를 알아야 한다.

인간의 뇌는 한마디로 3가지 종류의 뇌가 세 겹으로 쌓여 있는 구조이다. 제일 안쪽에 있는 뇌가 파충류의 뇌, 즉 뱀의 뇌이고, 그다음 층의 뇌가 토끼와 같은 포유류의 뇌이다. 그리고 제일 바깥층에 놓여 있는 뇌가 바로 인간의 뇌이다. 즉, 인간의 뇌는 가장 원시적인 뇌인 파충류의 뇌와 좀 더 진화된 포유류의 뇌와 가장 많이 진화된 영장류의 뇌로 이루어져 있다.

파충류의 뇌는 즉각적 행동과 반응을 하게 한다. 즉 위험한 맹수를 만났을 때 싸울 것인지 도망갈 것인지를 관장하는 뇌이다. 포유류의 뇌는 감정을 주관한다. 사랑, 기쁨, 슬픔, 분노, 비탄, 질투, 즐거움 등을 주관한다. 마지막으로 영장류의 뇌는 정보를 분석하여 실용적이고 현명한 결정을 내리게 하는 지각을 주관하는 뇌이다.

만약 우리가 상대를 설득하고자 할 때 상대가 공포심이나 불안이나 경계심을 갖고 있다면, 그것은 상대가 인간의 뇌가 활성화된 상태가 아니라 가장 원시적인 뇌인 파충류의 뇌, 즉 뱀의 뇌가 활성화되어 있는 상태라는 것을 잘 알아야 한다.

그런 상태에 있을 때 그 사람을 설득할 수 있는 사람은 없다. 뱀의 뇌 상태에 있는 사람은 위험한 동물을 눈앞에서 마주친 것과 같은 공포 상태에 있기 때문이다. 뱀의 뇌 상태일 때는 다른 이성적인 뇌들이 작동을 멈추어 버린다.

그렇기 때문에 상대방을 설득하기 위해서는 먼저 그러한 마음의 상태와 마음의 경계를 허물어야 한다. 마음의 경계를 허문다는 말은 바로 뱀의 뇌 상태에 있는 사람의 뇌 상태를 인간의 뇌 상태로 바꾸어야 한다는 것이다. 그러므로 설득의 가장 첫 단계는 바로 상대방의 저항을 경청으로 바꾸는 단계이다.

설득의 논리에 관한 책이자, 미국 FBI 협상전담반이 공식 교과서로 사용하는 책인 〈뱀의 뇌에게 말을 걸지 마라〉의 저자 마크 고울스톤은 이러한 단계를 '바이 인(buy in)' 단계라고 명명한다. 즉, 저항하던 사람이 남의 말을 듣고, 그 내용을 조금씩 생각해 보는 단계를 '바이 인' 단계라고 부르는 것이다.

설득의 과정에서 가장 중요한 것은 무엇을 말하느냐가 아니라 상대방의 뇌가 어떤 상태에 있는지를 파악하고 설득에 유리한 상태로 전환시키는 것이다. 이러한 사실에 대해 마크 고울스톤은 다음과 같이 말한다.

"누구라도 설득할 수 있는 비결은 바로 사람들을 '바이 인'하게 만드는 것이다. '바이 인'의 단계는 바로 사람들이 당신의 말에 '저항'하다가 '경청'하게 되고 '생각'해 보게 되는 순간에 일어난다. 그리고 역설적이게도, 사람들을 '바이 인' 하게 만듦으로써 설득의 사이클로 이끄는 열쇠는 바로 '당신이 그들에게' 무엇을 말하느냐가 아니라, '그들이 당신에게' 무엇을 말하게 만드느냐, 그리고 그 과정에서 '어떤 마음의 변화가 일어나느냐'에 달려 있다."

: 마크 고울스톤, <뱀의 뇌에게 말을 걸지 마라>, 27~28p.

설득의 비결은 상대를 밀어붙이고 많은 말을 하는 것이 아니라, 상대 방이 다가오도록 기다려주고 살짝 끌어당기는 데에 있다.

도마뱀 뇌가 시키는 대로 하지 말라

'도마뱀 뇌는 우리의 특별한 재능을 두려워한다. 그저 평균에 안도하도록, 성공을 향해 나아가지 못하도록 저항하고 좌절하게 만든다.'

〈린치핀〉에서 이 말을 한 세스 고딘처럼 도마뱀 뇌는 우리로 하여금 우리의 재능을 발휘하지 못하게 하고, 평범한 삶에 안주하도록 하고, 성공을 향해 발걸음을 내딛지 못하게 한다.

바로 그렇기 때문에 우리가 도마뱀 뇌가 시키는 대로 하지 않아야 하는 것이다. 성공한 예술가와 실패한 예술가의 차이, 성공한 경영자와 실패한 경영자의 차이, 성공한 사람과 실패한 사람의 차이는 한마디로 이것이다.

물론 도마뱀 뇌는 위험을 감지하는 뇌이다. 하지만 위험하다고 해서 아무것도 시도하지 않는다면 변화는 불가능하다. 그러나 정말 위험한데도 경고를 받아들이지 않고 추진하면 위험한 결과를 초래한다. 그러므로 위험 정도를 파악해서 현명하게 대처하는 것이 중요하다. 하지만 결국 성공과 실패를 가르는 것은 도마뱀 뇌에 얼마만큼 복종하느냐 하는 것이다.

누가 실패에 대한 두려움과 불안을 이겨내고, 도마뱀 뇌가 시키는 대로 하지 않고, 먼저 위험을 무릅쓰느냐 하는 것이 중요하다. 도마뱀 뇌가 시키는 대로 하는 것은 결국 불안과 두려움에 사로잡히는 일이고, 불안과 두려움을 극복하지 못하는 한 성공은 불가능하기 때문이다.

불안과 두려움을 극복하지 못한 사람은 그 어떤 것도 행동으로 옮기지 못한다. 불안과 두려움은 위험하기 그지없는 실패를 향한 마비 상태와 다를 바 없다. 그래서 실패하는 사람의 공통점을 보면 결단력과 실행력이 부족하다.

세스 고딘은 자신의 저서를 통해 우리 주변이 고지식한 관료, 받아 적기만 하는 사람, 문자 그대로 해석하는 사람, 지침 신봉자, 주말만 기다리는 노동자, 주어진 길만 가는 사람, 해고를 두려워하는 직장인들로 가득하다고 말한다. 그리고 이런 사람들의 환경적 공통점은 낮은 보상과 해고, 스트레스, 무시라고 말한다. 그리고 한마디로 이 모든 것들을 제공하는 원인은 공포와 불안과 두려움을 극복하지 못하게 하고, 안정만을 추구하게 하는 도마뱀 뇌인 것이다.

세스 고딘은 〈린치핀〉에서 우리가 실패하고 비범해지지 못하고 평범해지는 이유에 두 가지가 있다고 말했다. 그 두 가지 이유 중의 하나가 바로 도마뱀 뇌다.

"우리가 평범함에서 벗어나지 못하는 이유는 다음 두 가지를 들 수 있다.

1. 학교와 시스템에 의해 세뇌 당했다. 직장일이 곧 내 일이고, 규칙을 지키는 것이 내 일이라고 믿게 되었다. 하지만 그런 시스템은 더 이상 작동하지 않는다.
2. 모든 사람들의 마음속에는 겁에 질린 화난 목소리가 끊임없이 소리친다. 도마뱀 뇌가 저항하는 목소리다. 평범해지라고, 그래서 안전을 지키라고 말한다."

: 세스 고딘, <린치핀>, 11p.

결론은 성공하고 싶다면 도마뱀 뇌가 겁에 질린 화난 목소리로 하는 말을 무시해야 한다는 것이다. 그래서 도전하고 위험을 무릅쓰고 결단하고 성공을 향해 한 걸음씩 내딛으면서 실천하라는 것이다.

일본을 오랫동안 침체기 속에 몰아넣은 10년 장기 불황기에도 10배 성장하고, 손대는 분야마다 세계 1위를 하고, 인수하는 기업마다 흑자로 전환시켜서 마이더스 손이라고 불리는 일본 전산의 나가모리 회장은 어떻게 해서 성공할 수 있었던 것일까?

그의 성공 비결은 한마디로 '실행력'이라고 필자는 생각한다. 그가 1973년 직원으로 단 네 명을 데리고, 보잘것없는 자본금을 가지고 세 평짜리 시골 창고에서 시작해 현재 계열사 140개에 직원 13만 명을 거

성공과 부는 뇌에 달려 있다

느린 매출 8조 원의 막강한 기업으로 성장할 수 있었던 것은 '도마뱀 뇌가 시키는 대로 하지 않았기 때문'이다.

다시 말해 일본전산의 성공비결은 '즉시, 반드시, 될 때까지 한다'는 정신 자세였다.

1. 즉시 한다 (Do it now)
2. 반드시 한다 (Do it without fail)
3. 될 때까지 한다 (Do it until completed)

이러한 정신 자세를 강조하고 실천해 온 일본전산의 나가모리 회장은 약한 체질로 적자에 허덕이던 경쟁 업체 30여 개를 인수합병해 모두 1년 내 흑자로 재건시킨 뚝심 경영으로 유명하다. 나가모리 회장이 바로 이렇게 할 수 있었던 것은 공포와 두려움을 극도로 싫어하는 '도마뱀 뇌'가 시키는 대로 하지 않았기 때문이다.

그가 만약에 실패를 두려워했다면, 사업이 망할 수 있다는 두려움에 굴복했다면, 그는 그 어떤 성공도 일구어 내지 못했을 것이다. 그런 점에서 모든 성공의 첫 단계는 도마뱀 뇌가 시키는 대로 하지 않고, 위험을 감수하고 도전하고 시도하고 실천하는 것이다.

성공하기 위해서는 도마뱀 뇌가 시키는 대로 하지 않아야 한다는 사실에 대해 큰 깨우침을 준 사람인 세계에서 가장 영향력 있는 리마커블한 경영 구루이기도 한 세스 고딘은 또 말했다.

"뇌 사진을 찍었을 때 우리 눈에 보이는 주름진 잿빛 표면은 최근에 만들어진 것이다. 그래서 이 부분을 신피질(neocortex)이라고 부르는 것이다. 신피질은 크긴 하지만 강력하지 못하다. 아미그달라에서 소리를 지르면 순식간에 움츠러든다. 모든 기능이 마비되어 버린다. 도마뱀이 뇌를 점령하고 자신을 보호하기 위해 노력한다.

이때 해야 할 일은 도마뱀이 잠들 수 있는 환경을 만드는 것이다. 도마뱀 뇌는 꺾을 수 없다. 달래야 한다. 도마뱀 뇌는 생존과 분노와 욕정을 갈망한다. 나머지 뇌는 문명을 창조한다.

이것은 은유이기도 하지만 생물학이기도 하다. 도마뱀 뇌는 지금처럼 살아남을 수 있도록 도와주었다. 반면 신피질은 행복하도록, 성공하도록, 다른 사람들과 관계를 맺어 사회를 구성하도록 도와준다. 그래서 이 두 부분은 끊임없이 싸운다. 하지만 긴급한 상황이 닥치면 도마뱀 뇌가 압도한다. 새로운 습관과 더 나은 행동 패턴을 스스로 길들이지 못한다면 도마뱀이 빠져나오지 못하도록 막을 수 없을 것이다."

: 세스 고딘, 〈린치핀〉, 163p.

이처럼 성공하기 위해서는 도마뱀 뇌를 굴복시키고, 신피질이 시키는 것을 해야 한다. 도마뱀 뇌는 우리 뇌에서 가장 먼저 진화한 부분이다. 자궁에서 가장 처음 나타나는 부분이기도 하고, 100만 년 전부터 있었던 부분이기도 하다.

이러한 역사를 가진 도마뱀 뇌는 생존과 분노, 싸우거나 도망치는 일을 주로 한다. 그래서 긴급한 상황이 발생할 때 우리가 보통 때와 다른 행동을 하는 것은 전적으로 도마뱀 뇌가 작동하기 때문이다.

도마뱀 뇌의 가장 큰 임무는 우리가 그 어떤 것도 시도하거나 도전하거나 모험하지 못하게 꽁꽁 붙잡아 두는 것이다. 즉, 새로운 어떤 것도 못하게 저항하고 우리의 행동을 마비시키고 사고를 멈추게 하는 것이 바로 도마뱀 뇌가 하는 일인 것이다.

도마뱀 뇌는 생존을 최우선으로 하고 생존만 생각하는 뇌이다. 그래서 먹는 것, 안전한 것을 가장 선호하고, 살기 위해서 가능한 많은 양식을 확보해야 하기 때문에 탐욕스럽다. 그리고 겁이 많고, 충동적이고, 화를 잘 낸다.

결론적으로 우리가 성공하지 못하는 이유는 바로 도마뱀 뇌 때문이다. 우리에게는 이미 성공하고도 남을 만큼의 지성과 능력과 경험이 있지만, 도마뱀 뇌 때문에 안전만 추구하고, 도전과 모험에 너무 많은 겁을 내고, 너무 많이 두려워하게 되어 그 어떤 도전도, 시도도, 행동도 하지 못한다.

이런 점에서 성공한 사람들은 모두 도마뱀 뇌가 시키는 것을 하지 않은 용감한 사람들이라고 할 수 있다. 그렇기 때문에 성공의 첫 단계는 두려움을 극복하고 안전지대에서 벗어나 도전과 모험을 즐기는 것이다.

당신이 실패했을 때 화를 내고 좌절하게 하는 것도 바로 도마뱀 뇌다. 도마뱀 뇌가 더욱더 화나게 하고, 더욱더 좌절하게 하여 다시는 도전하지 못하게 하는 것이다. 하지만 성공하는 사람들은 실패를 해도 실패 자체를 즐기고 실패를 회피하려고 하지 않는다. 그들은 이미 도마뱀 뇌를 다루는 법을 잘 알고 있기 때문이다. 그들은 이미 도마뱀 뇌를 극복해 낸 사람들이다.

그래서 성공한 사람들의 공통점 중 빼놓을 수 없는 한 가지는 그들이 실패에 대해 다르게 생각하고 반응한다는 것이다. 우리가 긴장하고 화내고 불만을 품고 불안해하고 온갖 잡념을 가지게 하는 것도 도마뱀 뇌 때문이라고 했다. 이때 반대로 우리가 도마뱀 뇌가 시키는 것을 완전하게 무시하고, 그 순간 자기 자신을 텅 비우고, 모든 욕심이나 욕망도 내려놓고, 무아지경의 상태가 되면 엄청난 능력을 발휘할 수 있다는 사실을 아는가?

실제로 〈마음을 비우면 얻어지는 것들〉이란 책에 보면, 인간이 최고의 능력을 발휘할 때 어김없이 알파파라는 뇌파를 발산하는데, 그 알파파란 긴장과 불안이 완전히 사라진 텅 빈 무아지경의 상태에서 발산되는 주파수라는 대목이 나온다.

"메릴랜드 대학의 브래드 해트필드 교수는 특별한 실험을 수행했다. 초일류 사격수들의 머리에 작은 전극을 붙이고 전기적 활동을 살펴본 것이다. 그런데 신기한 일이 일어났다. 선수들마다 명중 직전에 예외 없이 두뇌가 '번쩍'했다.

'지금 번쩍 하는 게 뭐지?'

그것은 뇌파의 주파수가 알파파로 변하는 모습이었다. 알파파란 긴장과 불안과 온갖 잡념이 완전히 사라진 텅 빈 무아지경의 상태에서 발산되는 주파수다. 즉, 선수들이 표적을 명중시키기 직전 어김없이 마음이 텅 비어버렸다는 이야기다."

: 김상운, 〈마음을 비우면 얻어지는 것들〉, 60~61p.

더 재미있는 사실은 비행기 조종사, 음악가, 의사, CEO 등… 누가 어떤 일을 하더라도 최고의 능력을 발휘하는 순간에는 예외 없이 뇌파가 알파파로 바뀌어 마음에 그 어떤 긴장이나 불안이 사라지고 몰입의 상태가 된다는 것이다.

마음이 텅 빈 상태, 몰입의 상태, 무아지경의 상태. 이것들은 모두 똑같은 상태를 말하는 것이다. 그리고 이러한 상태가 되기 위해서는 무엇보다 도마뱀 뇌가 시키는 대로 하지 않아야 한다. 도마뱀 뇌를 완전하게 무시할 때 이런 상태가 가능하기 때문이다. 소심한 사람보다 이러한 것에 영향을 적게 받는 대범한 사람이 더 큰 성과를 창출하고 더 크게 성공하는 이유 또한 여기에 있다고 말할 수 있을 것이다.

당신의 성공은 당신의 뇌에 달려 있다

'시간을 지배하는 사람이 성공하는 것이 아니라 뇌를 지배하는 사람이 성공하는 것이다.'

필자가 가장 먼저 강조하고 싶은 말이다. 시간은 모든 이에게 하루 24시간으로 공평하게 주어졌다. 그래서 시간을 잘 사용하고 못 하고로는 큰 차이를 만들어 낼 수 없다는 것이 필자의 주장이다.

어떤 이는 하루가 마치 48시간인 것처럼 열심히 활용하고 일분일초까지 아껴 가며 살아간다. 그리고 또 어떤 이는 하루를 12시간처럼 짧게 낭비하며 살아간다. 하지만 이렇게 해봤자 열심히 하는 사람과 그렇지 않고 게으르게 사는 사람의 차이는 많아 봐야 3배 정도 날 뿐이다.

하지만 뇌를 잘 활용하는 사람과 그렇지 못한 사람의 업무 성과적인 면에서의 3배 차이는 별로 큰 차이도 아니다. 똑같은 일을 해도 업무 성과가 100배 이상 차이 날 수 있다는 것이 필자의 주장이기 때문이다.

쉽게 말해 능력은 결국 서너 배 차이가 고작이지만, 의식의 차이가 100배의 차이를 낼 수 있는 건 바로 뇌의 활용과 밀접하게 관련이 있다고 필자는 생각한다. 몸과 관련된 인간의 능력, 시간이나 공간, 물리적인 요소와 관련 있는 것은 아무리 잘 사용하고 활용해도 두서너 배 이상 차이를 만들어 내는 것이 힘들다. 하지만 뇌 활용을 통한 의식과 사고의 차이로 몇십 배 이상의 차이를 만들어 내는 것이 바로 인간인 것이다.

이러한 이유에서 한마디로 당신의 성공은 당신의 뇌에 달려 있다.

"나는 '나의 뇌' 그 자체다. 다른 기관은 부속품에 지나지 않는다"라고 말했던 명탐정 셜록 홈스의 독백에 어느 정도 동의하지 않으면 안 될 만큼 뇌의 위력에 대한 비밀이 조금씩 밝혀지기 시작했다. 그렇게 필자는 뇌과학서에 남다른 흥미를 갖고 뇌에 관한 책을 섭렵한 결과, 다음과 같은 결론에 도달하였다.

'뇌를 지배하는 자가 세상을 지배한다.'

'뇌를 활용할 줄 아는 자가 성공과 부를 얻게 된다.'

아인슈타인의 뇌를 조사해 본 결과 보통 사람의 뇌, 즉 우리의 뇌와 크게 다르지 않았다는 사실이 이미 오래전에 밝혀졌다.

아인슈타인의 뇌를 연구한 많은 이론 중 학계에서 가장 신빙성 있는 이론으로 받아들여지는 미국 캘리포니아 대학의 마리안 다이아몬드 박사의 주장을 따르자면, 아인슈타인의 뇌에는 일반인보다 신경교세포 수가 상대적으로 많았을 뿐 크게 다른 점이 없었다고 한다.

그렇다면 차이는 무엇일까?

아무리 좋은 자동차라도 연료가 있어야 달릴 수 있다. 그리고 연료가 있어도 달리지 못하는 차가 있다면 그것은 시동을 걸지 않았기 때문이다. 우리의 뇌도 마찬가지이다. 우리의 뇌는 이미 너무나 놀라운 능력을 가지고 있지만, 주인이 시동을 걸 줄 몰라 잠자고 있다면 무용지물에 불과한 장기일 뿐이다.

인간의 뇌는 돌고래의 뇌와 매우 비슷하다. 그렇기 때문에 어쩌면 돌고래의 뇌성능이 인간 뇌의 성능과 같아야 할지도 모른다. 실제로 돌고래의 뇌가 인간의 뇌에 비견되며 심지어 같을 수도 있다는 연구 결과가 자주 나오기도 한다.

미국 애틀랜타 에머리 대학의 로리 마리노 교수팀은 병코돌고래 세 마리의 뇌를 분석한 결과, 몸집 대비 뇌의 크기가 인간에 비해 다소 작지만 인간의 뇌에 비해 주름이 더 많아 표면적이 넓은 것을 발견했으며, 이는 뇌 크기가 작은 것을 상쇄한다고 미국과학진흥협회(AAAS) 총회에서 발표했다. 하지만 그럼에도 불구하고 돌고래 뇌의 지능은 인간의 아기들 지능과 비슷하다. 그 이유는 무엇일까?

그것은 바로 인간은 손과 손가락이 발달되어 여러 가지 도구를 사용한다는 것이다. 젓가락도 사용하고, 펜도 사용하고, 악기도 연주하고, 컴퓨터 자판도 두드리고, 종이 접기도 하고, 칼로 사과도 깎는다. 이것들은 인간에게는 일상적이고 사소한 행동이지만, 이 행동들이 모두 인간의 뇌를 엄청나게 발달시키는 촉진제가 된다.

하지만 돌고래에게는 인간처럼 발달한 손과 손가락이 없다. 그래서 발달이 멈추고 진화가 더딘 것이다. 그 결과 뇌의 크기나 주름만 보면 인간의 뇌와 견줄 수 있음에도, 지능은 3세 아기의 수준을 벗어나지 못한다.

뇌발달의 황금기라고 할 수 있는 생후 3년 동안의 손 운동이 뇌발달에 매우 중요한 이유가 여기에 있다. 대뇌의 신경회로가 완성되어 가는 이 시기에 아기들에게 손으로 만질 수 있는 장난감을 사주어야 하는 이유 또한 이것이다.

뇌가 바뀌어야 습관도 바뀔 수 있다

'습관을 바꾸는 것만으로도 자신의 인생을 바꿀 수 있다'라고 윌리엄 제임스는 말한 적이 있다. 러시아의 대문호 도스토옙스키는 '습관이란 인간으로 하여금 그 어떤 일도 할 수 있게 만들어 준다'라고 말한 적이 있다. 동양의 현인 공자 역시 '타고난 본성은 비슷하지만, 습관에 의해서 달라진다'라고 말한 적이 있다. 중국 속담에도 '가난과 부, 실패와 성공은 모두 습관 때문이다'라는 말이 있고, 한국 속담에도 '세살 버릇 여든까지 간다'라는 말이 있다.

이처럼 습관이 매우 중요하다는 것은 모르는 사람이 없을 정도이다. 그래서 습관의 중요성을 강조하는 책들도 적지 않다. 문제는 그러한 책들을 아무리 많이 읽는다 해도 자기 자신의 습관이 실제 바뀌지 않으면 무용지물이라는 점이다.

습관은 사람이 만들지만, 그 습관이 또한 사람의 성공과 실패, 부와 가난을 좌우한다는 사실을 간과해서는 안 된다. 즉 습관을 만드는 주체는 결국 그 습관에 의해서 성공하거나 실패하게 되는 자신이라는 점이다.

습관이 바뀐다는 것은 그 습관의 주체인 사람의 생활이 바뀐다는 것이다. 그리고 그 사람의 생활이 바뀌기 위해서는 그 사람의 사고와 행동이 바뀌어야 한다. 그 사람의 사고와 행동이 바뀌기 위해서는 사고와 행동을 이끌어 내는 뇌가 바뀌어야 한다.

다시 말해, 뇌를 바꾸면 습관이 바뀌고, 습관이 바뀌면 인생이 바뀐다. 그리고 이것을 간단하게 말하면 '뇌가 바뀌면 인생이 바뀐다'고 말할 수 있다.

〈백만 불짜리 습관〉이란 책의 저자인 브라이언 트레이시는 자신의 저서에서 다음과 같이 말했다.

"당신이 백만 달러를 버는 사람이 되면 백만 달러를 더 버는 일은 저절로 이루어진다. 불행한 일이 일어나서 백만 달러를 다 써버려도 당신은 이미 백만장자의 습관을 익힌 사람이기 때문에 얼마 지나지 않아 다시 백만 달러를 벌 수 있다.

일단 한 번 백만장자의 자질을 갖추면 그 능력을 영원히 잃지 않는 것이다. 마치 자전거는 타는 법만 배우면 언제든 다시 탈 수 있는 것처럼…."

즉, 성공하는 사람은 결국 성공하는 습관을 가지고 있는 사람이고, 실패하는 사람은 실패하는 습관을 형성하고 있는 사람이다. 자전거 타는 법이 뇌에 각인되고 패턴화되어 저장되듯, 백만장자의 습관 역시도 뇌에 각인되고, 패턴화된다. 인생을 성공으로 이끄는 성공하는 습관 역시 뇌에 의해서 패턴화되고 각인되는 것이다. 그리고 뇌는 그것을 더욱 더 강력한 습관으로 만들어 버린다.

어떤 행동이든 자주 반복하면 습관이 되고, 습관이 되면 강력한 힘과 에너지를 얻고, 인생을 바꾸어 놓을 수 있을 만큼 큰 영향력을 행사한다. 하지만 어떤 행동이라도 자주 반복하려면 그 행동의 필요성과 당위성을 반드시 뇌가 인식해야 한다.

새벽 5시에 일어나는 일의 필요성과 당위성, 그 중요성이 인식되기 위해서는 뇌가 바뀌어야 한다. 과거의 평범한 뇌라면, 절대 새벽 5시에 일어나는 일을 자주 반복해야 하는 일이라고 중요하게 인식하지 않을 것이기 때문이다.

여기서 뇌가 바뀐다는 것이 물리적으로 뇌를 교체한다는 것을 의미하는 것은 아니다. 과거에 사용하지 않았던 뇌의 영역을 새롭게 사용함으로써 전보다 나은 기능의 뇌를 사용하고 활용하는 것을 의미한다.

가령 허약 체질이어서 조금만 춥거나 몸을 혹사하면 바로 몸살감기에 걸리고, 한번에 5km도 걷지 못하고, 평균적인 업무량도 소화해 내지 못하던 사람이 꾸준히 강도 높은 운동을 하고 정신력을 단련하여 강한 사람으로 바뀌었을 때 사람이 바뀌었다고 말하듯이, 뇌의 경우도 마찬가지다. 특히 뇌가 바뀌면 생각하고 행동하는 것이 전혀 딴사람처럼 자연스럽게 바뀌기 때문에 습관도 자연스럽게 바뀌게 된다.

성공과 부는 뇌에 달려 있다

그런데 뇌를 단련하려고 하지 않고, 무조건 좋은 행동, 좋은 습관, 좋은 사고를 하도록 강요하는 것은 실패 확률이 매우 높다고 할 수 있다. 성공한다고 해도 그것은 절대 오래가지 못 한다. 왜냐하면 사고와 행동의 주체는 결국 우리의 뇌이기 때문이다.

이런 점에서 습관은 결국 하나의 결과에 해당하는 것이기 때문에 절대적인 원인만 제공해 주면 자연스럽게 얻을 수 있다. 그 절대적인 원인이 바로 뇌를 바꾸고 단련시켜서 세상과 인생을 새롭게 바라보고 해석하고 반응하고 생각하고 행동하게 하는 것이다.

19세기 유명한 미국의 심리학자이자 철학자인 윌리엄 제임스는 '인간은 단지 마음 상태를 바꾸는 것만으로도 삶을 변화시킬 수 있다'는 사실을 발견한 것이 자신의 세대에서 가장 위대한 발견이라고 말했다.

그리고 이제는 뇌를 바꾸는 것으로 습관을 바꿀 수 있고, 습관이 바뀜으로 인해 인생이 바뀔 수 있다는 것이 금세기의 가장 위대한 발견이 될 수 있을 것이다. 그만큼 인간의 습관을 형성하고, 그 습관을 유지시켜 주는 데 가장 큰 역할을 하는 것이 바로 뇌라는 사실은 중요하다. 누군가에게 어떤 행동이 완전히 습관이 되면, 그 사람의 뇌 신경회로의 연결 패턴에 굵은 회로(소프트웨어뿐만 아니라 하드웨어적인 연결)가 형성되기 때문이다.

그래서 우리가 습관이 된 행동을 할 때는 힘과 에너지가 매우 적게 들면서도, 자연스럽게 반복할 수 있다. 습관이 된 행동의 회로 패턴은 습관이 안 된 회로보다 훨씬 더 굵고, 크고, 깊게 뇌에 새겨져 있기 때문에, 전기적 화학적 반응이 쉽게 일어난다.

이러한 습관에는 행동뿐만이 아니라, 사고하는 방법, 공부하는 방법, 위기 상황에서 대처하는 방법, 누군가를 만나서 대화하는 방법 등도 포함되기 때문에, 예를 들어 좋은 공부 방법을 습관화한 사람은 매일 공부해도, 그렇게 어렵거나 많이 힘들지 않다.

그렇다면 어떤 행동이나 사고방식이 습관으로 바뀌는 과정을 뇌과학적인 측면에서 조금 더 깊게 살펴보자.

먼저 우리가 처음으로 어떤 행동을 하게 되었다고 하자. 가령 한 번도 새벽 운동을 안 한 사람이 평생 처음으로 새벽 5시에 일어나서 한 시간 동안 조깅을 한다고 하자. 처음 하는 새벽 운동은 일어나는 것부터가 힘들고, 하는 것도 쉽지 않을 뿐만 아니라 엄청난 스트레스와 에너지를 필요로 한다. 하지만 그 사람의 뇌회로에는 그러한 최초의 새벽 운동을 통해 처음으로 가느다란 연결 패턴 하나가 만들어진다. 그래서 그다음부터는 그렇게 힘들지 않고, 설사 안 하더라도 그렇게 아쉽지는 않을 영향력이 적은 패턴 하나가 그의 인생과 뇌에 생겨난다.

그러나 새벽 운동을 매일 한 달 이상 하면, 그 가느다란 연결 패턴이 깊고, 굵은 패턴으로 바뀌어 버린다. 그렇게 깊고 굵은 연결 패턴이 만들어지면 그때부터는 새벽 운동을 하지 않으면 몸이 근질근질해지는 사태가 발생하는 것이다. 그러면 새벽 운동을 안 하는 것이 하는 것보다 더 힘들어진다. 바로 이것이 습관의 형성 과정이다. 습관이 되면, 뇌 속에서도 전기적 화학적 반응이 쉽게 잘 일어나기 때문에, 습관이 우리의 몸과 행동에 큰 영향을 끼친다.

습관이란 것을 단순한 몸의 반복 동작으로 몸이 익숙해지는 것이라 생각할 수 있지만, 그것은 절대적으로 틀린 말이다. 뇌과학적으로 볼 때, 습관은 뇌의 디지털 회로를 기능적인 부분뿐만 아니라, 구조적으로 변화시키는 놀라운 힘이다.

그렇기 때문에 일단 습관이 생성되면, 이유도 없이 자꾸만 뭔가를 하고 싶고, 자꾸만 어떤 생각과 감정이 생겨나는 것이다. 놀랍게도 우리의 감정과 기분도 습관의 일종이다. 그래서 슬픈 감정이 반복되고, 심하면, 우울증으로 발달하고, 즐거운 기분이 반복되는 사람은 낙천적인 사람이 되는 하나의 성격이 만들어진다.

이러한 사실을 과학적으로 입증한 사람이 샌프란시스코 캘리포니아 대학의 마이클 머츠니크 박사이다. 그는 우리가 습관적으로 행동할수록 그 패턴은 더욱 강화된다고 주장한다. 그는 이러한 사실을 원숭이 실험을 통해 밝혀냈다.

원숭이의 특정 손가락을 사용할 때 뇌의 특정 부위가 활성화된다는 사실을 이용하여, 그 손가락만을 습관적으로 사용하게 훈련시킨 다음 원숭이의 뇌를 살펴본 결과, 뇌의 해당 부위가 600 퍼센트나 커진 것을 발견했다. 그리고 그러한 특정 손가락만 사용하는 것이 습관이 된 이후에는 그 동작을 하지 못하게 해도, 계속해서 그 손가락을 사용하는 것이 관찰되었다.

몸에 해로운 게임 중독이나 담배 중독도 일종의 습관이라고 할 수 있는데, 이러한 습관은 그 행동 패턴이 그 사람의 뇌의 신경회로에 굵고 깊은 연결 패턴을 이미 형성해 놓았기 때문에, 하루아침에 쉽게 그러한 중독성 습관을 끊지 못하는 것이다. 그래서 뇌의학이 많이 발달하는 미래에는 간단한 뇌수술로 이 패턴을 끊어 버리든지 지워서 평생 담배를 피우던 사람이나 게임 중독이었던 사람이 하루아침에 담배를 입에도 못 무는 사람이 되거나, 게임을 한 번도 안 한 사람처럼 될 수도 있다는 것이 필자의 견해이다. 오랫동안 담배를 피운 사람은 잠에서 깨어나 뇌가 활성화되고 각성되자마자 제일 먼저 뇌의 가장 굵은 연결 패턴이 점화되기 때문에 담배를 피우는 것이다. 습관엔 무섭고도 강력한 힘이 있다.

언제나 우울한 우울증 환자나 습관적으로 화를 잘 내는 사람들도 따지고 보면 뇌와 관련된 문제를 가진 경우가 많다. 그래서 낙천적인 사람과 비관적인 사람이 똑같은 일을 겪으면 전자는 낙천적으로 반응하는 반면, 후자는 비관적으로 대처하고, 그 원인은 그 사람의 뇌가 다르게 반응하도록 패턴화되어 습관화되었기 때문이다.

습관적으로 화를 내고, 소리를 잘 지르는 사람이나, 폭력적인 사람들은 이미 뇌의 그러한 행동 패턴의 회로가 굵어져서 습관화되어 버린 사람이다. 그래서 작은 일에도 쉽게 뇌의 특정 문제 부위가 점화되는 것이다.

습관이 형성된다는 것은 한마디로 뇌가 바뀌는 것을 의미한다. 그렇기 때문에 습관을 바꾸고 싶고, 새롭게 좋은 습관을 만들고 싶다면 먼저 뇌를 바꾸어야만 한다.

〈습관의 힘〉이라는 책을 보면 습관이 형성되는 이유를 다음과 같이 설명해 놓았다.

> "과학자들의 연구에 따르면 습관이 형성되는 이유는 우리 뇌가 활동을 절약할 방법을 끊임없이 찾기 때문이다. 어떤 자극도 주지 않고 가만히 내버려 두면 뇌는 일상적으로 반복되는 거의 모든 일을 무차별적으로 습관으로 전환시키려고 할 것이다. 습관이 뇌에게 휴식할 시간을 주기 때문이다. 뇌가 활동을 절약하려는 본능은 우리에게 상당히 유리하게 작용한다."
>
> : 찰스 두히그, 〈습관의 힘〉

습관을 형성하는 것은 뇌이고, 그 이유는 우리의 뇌가 에너지를 절약하기 위해서이다. 그렇기 때문에 뇌가 바뀌면 습관도 바뀌는 것이다. 습관은 몸의 발명품이 아닌 뇌의 발명품이다.

이 책의 저자인 찰스 두히그는 7%의 미국인만 사용했던 치약이 전 세계인들의 필수품이 되고, 습관이 된 것도 바로 뇌가 바뀌었기 때문이라고 말한다. 즉, 습관이 형성되는 세 가지 단계가 '신호-반복 행동-보상'이고, 이러한 세 가지 단계가 반복되면 바로 새로운 습관이 형성된다는 것이다.

우리 몸에서 습관이 형성되는 첫 번째 단계는 신호 단계로서 뇌가 힘을 들이지 않고도 자동적으로 그 행동을 하게 하는 자동 모드로 들어가 그 행동을 하라고 자극하는 단계이다. 이때 뇌에서는 호르몬이 분비된다. 두 번째 단계는 뇌의 지시를 통해 몸과 마음이 반응을 보이고 그것이 우리의 사고와 행동으로 반복되는 단계이다. 그리고 마지막 세 번째 단계는 이 행동을 통해 얼마나 보상을 받는지 평가하고 보상을 함으로써 좀 더 강화된 습관으로 만들지 아니면 흥미를 잃어버림으로써 습관에서 벗어날 것인지를 결정하고 평가하고 보상하는 단계이다.

한마디로 뇌는 몸과 마음의 반복에 의해서만 '형성'되는 것이 아니라, 그 모든 단계에 '관여'한다. 그래서 뇌가 바뀌어 흥미를 느끼는 것이 달라지고 보상의 정도도 달라질 때, 과거의 습관이 없어지고 새로운 습관이 형성되는 것이다. 습관을 만드는 원동력은 뇌가 가장 강렬하고 원하는 '열망'에서 비롯된다고 할 수 있다. 이러한 모든 습관의 고리에 뇌의 관여가 있다고 찰스 두히그는 다음과 같이 말했다.

"MIT 연구진은 모든 습관에는 단순한 신경학적 고리가 있다는 것을 알아냈다. 챕터 1에서 보았듯이 신호-반복 행동-보상이란 세 부분으로 이루어지는 고리이다.

습관을 정확하게 이해하기 위해서는 습관 고리의 각 부분들을 찾아내야 한다. 특정한 행동에 대한 습관 고리를 찾아내야, 새로운 반복 행동으로 오래된 학습을 교체할 방법을 모색할 수 있기 때문이다."

: 같은 책

그의 말처럼 모든 습관에는 신경학적 고리가 있다. 그 고리를 찾아내고 바꾸기만 하면 얼마든지 새로운 습관을 만들어 낼 수 있다.

우뇌형 한국인이 세계의 주류가 될 것이다

한강의 기적! 한류 열풍! IT 강국! 싸이 열풍!

왜 세계인들은 한국인들과 한국인들의 작품, 제품, 공연, 노래, 드라마, 영화에 열광하는 것일까? 한국인들이 언제부터 이렇게 세계의 중심이 된 것일까? 무엇보다도 세계인들은 왜 작은 반도의 나라인 한국과 한국인에게 이렇게 열광하는 것일까? 도대체 그 이유는 무엇일까?

한국인들이 만드는 드라마, 제품, 노래, 공연에는 한국인만이 가진 세계 최고의 감성과 창조성이 녹아들어 있다. 그리고 한국인만이 가진 세계 최고의 감성과 창조성은 바로 독특한 우뇌 중심의 문화에서 비롯된 것이라고 감히 말하고 싶다.

위대한 경영자나 리더는 직관이 뛰어난 경향이 있는데, 이러한 직관을 주관하는 것이 바로 좌뇌가 아닌 우뇌이다.

〈감성지능〉의 저자인 대니얼 골먼은 성공과 행복은 IQ 보다 EQ, 즉 감성지능이 좌우한다고 주장하여 감성의 중요성을 부각시켰는데, 이러한 감성을 주관하는 뇌가 바로 우뇌이다.

한국인들은 이 세상의 그 어떤 나라, 그 어떤 민족보다도 우뇌형 인간들이다. 한국인들이 우뇌형 인간이라는 근거를 몇 가지 들어 보면 이렇다.

이 세상에 한국인만큼 모방과 눈썰미가 뛰어난 민족은 없다. 좌뇌는 구체적이고 분석적이고 부분적인 것을 담당하지만, 우뇌는 통합적이고 종합적인 것을 담당한다. 한국인들은 관광할 때도 슬쩍 보고도 즐긴 건 즐기고 알아야 할 건 다 아는 능력을 가지고 있다.

감성과 직관이 뛰어난 한국인들은 2002년 월드컵에서 세계에서 유례를 찾아 볼 수 없는 놀라운 응원 문화를 만들어 냈고, 이를 전 세계에 보여 주었다. 논리적이고 분석적인 좌뇌 중심형 나라의 민족들이라면 그렇게 신명나고, 불붙듯 직감적이고, 직관적이고, 감성적인 응원 문화를 보여 줄 수 없었을 것이다.

〈우뇌가 희망이다〉의 저자인 이시형 박사는 한국이 한강의 기적을 이루고, 40년 만에 GNP 400배라는 경이로운 성장을 한 것은 한마디로 우리의 민족성이 우수하기 때문이라고 설명했다. 그리고 한국인들이 우수한 이유는 바로 우뇌형이기 때문이라고 피력했다.

"우리 민족은 유사 이래 무속적 심성을 바탕으로 하고 있으며, 이는 곧 두뇌 사용에서 우뇌 우위형임을 입증하고 있다. 대뇌는 좌우뇌의 양반구로 이루어져 있으며, 그사이는 뇌량으로 연결되어 있다. 그리고 좌우뇌의 기능적 차이가 최근 밝혀졌는데, 좌뇌가 주로 언어적 사고, 지성논리형인 데 비해 우뇌는 이미지적 사고, 감성, 직관형이다.

한국인이 대체로 우뇌형임은 이 간단한 비교만으로도 쉽게 진단이 되며 실제로 학자들의 연구 보고에도 증명되고 있다.

우뇌형 인간이 많은 사회는 우뇌형 사회다. 어떤 조직도 이러한 구도로 설명이 가능하다. 기업도 성과를 중시하고 논리적이고 치밀한 조직운영을 하는 좌뇌형이 있는가 하면 창의력, 유연성, 직원 간의 정서적 유대를 강조하는 우뇌형이 있다. 물론 한국에도 좌뇌형 혹은 양뇌형인 사람도 많다. 하지만 전체적인 사회심리적 배경으로 볼 때 한국은 우뇌형 사회다."

: 이시형, <우뇌가 희망이다>, 6~7p.

한마디로 우뇌형이어서 신명만 나면 2002년 월드컵 때처럼 뭉치는 괴력을 발휘할 수 있고, 폭발적 에너지를 분출시킬 수 있는 저력을 지닌 민족이라는 것이다. 그런데 여기에 조선 500년 동안 선조들로부터 내려온 유교와 100년 동안의 근대 학교 교육 속 좌뇌 교육을 통해 축적된 민족적 경험은 좌뇌도 함께 쓰는 좌우형 뇌를 발달시켰다는 사실을 이시형 박사는 더욱더 강조한다.

이 책을 보면 한국인이 우뇌형이라는 사실에 좀 더 많은 근거를 드는 것을 알 수 있는데 그중 하나가 한서대 조용진 교수의 설명이다. 그는 서양 사람은 왼쪽 이마가 크고 동양인은 오른쪽 이마가 크다고 한다. 그중 특히 한국인 70%의 오른쪽 이마는 세계에서 제일 크다고 한다.

즉 한국인은 우뇌 안정형이어서 왼쪽 눈을 주로 쓴다는 것이다. 그래서 오른쪽 이마가 발달하였다.

한국인들은 우뇌형이기 때문에 가무 즐기기를 타고났고, 이것이 한류 열풍의 토대가 되어 한국인들의 끼의 밑바탕이 되어 주었던 것이다. 한국인들에게는 신바람나면 그 어떤 일도 해내는 무서운 폭발력과 집중력이 있다. 슬쩍 보기만 해도 잘 만들어 내는 모방성과 손재주, 눈썰미, 세계 어디에 가도 잘 사는 적응성, 유연성, 융통성 등이 있다. 대충, 척, 어림짐작, 자연스러움, 따지기 싫어하는 것과 분석, 논리, 통계를 싫어하고 직관에 의존하는 것에 특별한 강점을 가지고 있다. 이것이 모두 우뇌형이기에 가능한 것들이라고 할 수 있다.

우뇌형 인간은 직관과 감성을 강조하고 많은 결정과 선택, 행동을 할 때 직관과 감성에 좌우되는 경향이 있다. 그렇다면 논리나 분석보다 직관을 따르는 것이 성공적인 삶을 사는 데 더 유리한 것일까?

필자의 대답은 '그렇다'이다. 위대한 위인은 논리나 분석보다도 자신의 직관이 이끄는 대로 살았기에 위대한 성공을 한 경우가 훨씬 더 많다는 사실을 잘 알고 있기 때문이다.

일본의 성장을 이끈 마쓰시다 고노스케 회장, 한국 기업으로는 최초로 연 매출 200조원 시대를 연 초일류 기업 삼성을 이끈 이건희 회장, 빌 게이츠, 스티브 잡스, 링컨 대통령, 리처드 브랜스 회장, 피카소, 아인슈타인 등을 비롯해 너무나 많은 위대한 경영자들, 리더들, 위인들이 논리나 분석보다 직관을 더 의지했던 우뇌형 인물이었기 때문이다.

경영의 신이라 불리는 일본의 마쓰시다 고노스케 회장은 '나는 우리 회사를 90%의 감으로 경영해 왔다'라고 술회한 적이 있다.

이건희 회장 역시 직관을 중요시한 우뇌형 인물이었음을 알게 해주는 사례가 바로 반도체 생산 방식을 선택할 때의 일화이다.

삼성전자가 4메가 D램을 양산할 때는 그 어떤 선진 기업들조차도 어떤 생산 방식을 선택해야 할 것인지에 대한 확신이 없을 때였다. 1986년부터 이 개발을 추진하며 기업은 선택의 기로에 놓였다. 이때 이건희 회장은 자신의 직관대로 너무나 빠른 결단을 했고, 그 직관은 지금의 반도체 1위라는 성과를 창출하는 데 가장 큰 공을 세운 선택으로 회자되고 있다.

스택과 트렌치 방식 비교 <출처: 삼성 블로그>

1메가 D램까지는 반도체 집적도를 높일 때 칩의 평면에 셀을 집어넣을 수 있지만, 용량이 커진 4메가 D램부터는 셀을 2층, 3층으로 쌓아 올리든지 아니면 반대로 땅을 파서 지하 1층, 지하 2층으로 내려가면서 쌓아야만 많아진 용량을 다 감당해 낼 수 있었다.

이것은 인구가 많아진 도시의 땅 면적은 그대로인데 살아야 할 사람들은 자꾸 늘어나 고층 빌딩이 많아지는 현상과 같다. 4메가 D램은 위로 쌓아올리면서 만드는 스택(Stack) 방식과 아래로 파고 내려가면서 만드는 트렌치(Trench) 방식을 사용할 수 있었다.

어떻게 보면 두 가지 다 가능하기 때문에 별 생각 없이 아무것이나 선택할 수도 있는 문제였을 것이다. 다른 기업들은 다 그렇게 생각했고, 그렇게 쉽게 생각한 대로 어떤 기업은 스택 방식으로, 또 어떤 기업들은 트렌치 방식으로 생산을 했다.

미국과 일본의 선발 업체들조차 이 문제에 대한 명확한 해답을 가지고 있지 않았다. 그래서 미국 업체들은 대부분 트렌치 공정으로 생산했고, 일본 업체들 중에서는 스택을 선택한 업체도 있었지만, 트렌치를 선택한 업체가 압도적으로 많았다. 더해, 해외 선진 기업을 따라간다면 당연히 트렌치 방식을 선택해야 했다. 논리적 혹은 통계적으로 분석해도 트렌치 방식이 더 현명한 선택인 듯 보였고, 무엇보다 압도적으로 트렌치 방식을 선택한 선진 기업들이 훨씬 더 많았기 때문이다.

이런 상황에서 삼성전자의 경영진들과 개발자들의 의견은 분분했다. 이 소식을 접한 이건희 회장은 단숨에 결단을 내렸다.

PART 1.

"단순하게 생각합시다. 지하로 파는 것보다 위로 쌓는 게 쉽지 않겠습니까? 스택으로 합시다. 트렌치는 속임수일 수도 있어요. 우리가 트렌치를 하도록 유도해 놓고, 자기들끼리 스택으로 4메가 D램을 만들어서 우리에게 타격을 주겠다는 속셈입니다. 설사 일본이 스택을 선택하지 않았다고 하더라도, 우리는 그냥 스택으로 갑시다."

이건희 회장이 엄청나게 빨리 자신의 직관에 따라 결단했던 것이다. 그의 결단에 경영진들은 모두 놀라지 않을 수 없었다. 그런데 놀랍게도 그 직관을 따른 결단이 지금의 삼성전자, 즉 반도체 1위 회사인 삼성전자를 존재하게 한 것이다.

그 일이 있은 후 몇 개월도 채 되지 않아서 트렌치 방식을 선택했던 일본의 기업들은 대량생산으로 전환하는 과정에서 수율 하락이라는 난관에 봉착하였다.

그 어떤 기업도 이 문제를 해결할 수 없게 되자 결과적으로 트렌치 방식을 선택했던 선발 업체들은 결국 울며 겨자 먹기로 스택 방식으로 전환하는 엄청난 시련을 겪어야 했다. 이러한 시행착오는 반도체 업체로서는 치명적인 실수와도 같았다.

바로 이 결단 때문에 삼성전자는 후발주자였지만 선발업체들을 추월하는 발판을 마련할 수 있었다.

이처럼 위대한 인물 대부분은 자신의 직관을 믿고 과감하게 살았던 용기 있는 사람들이라는 사실을 우리는 알고 있다.

"여러분의 시간은 한정돼 있습니다. 그러니 타인의 삶을 살며 낭비하지 마십시오. 당신의 마음과 직관을 따를 용기를 가지십시오. 언제나 갈망하고, 언제나 우직하게."

스티브 잡스 역시도 직관을 강조했다. 이렇게 직관을 강조한 이들의 어록을 살펴보면 놀랍게도 비슷한 이들이 한둘이 아님을 알 수 있다.

"중요한 결정은 전문가나 책이 아니라 내 직관이 한다."

링컨 대통령은 전문가나 책이 아닌 자신의 직관을 믿었던 인물이었다. 영국의 스티브 잡스라고 불리는 버진 그룹 회장인 리처드 브랜슨도 역시 논리나 분석, 통계자료보다 직관을 더 의지했다.

"나는 산더미처럼 쌓인 통계자료보다 직관에 훨씬 더 많이 의존한다."

〈아웃라이어〉와 같은 위대한 책을 쓴 작가이자 2005년 미국 타임지 선정, 세계에서 가장 영향력 있는 100인이었던 말콤 글래드웰 역시 논리나 분석보다 통합적인 직관과 통찰을 강조한 인물이다.

"분석하지 말고 통찰하라. 첫 2초가 모든 것을 가른다."
직관을 너무나 강조하는 〈직관〉이란 책을 보면 노벨상을 수상한 많은 과학자들이 열렬한 직관의 신봉자였음을 알게 된다.

> "'천재'라는 단어를 설명할 때 제일 먼저 거론되는 이름, 알버트 아인슈타인. 독일에서 태어난 이 위대한 유대인은 생전에 '가장 유일하게 가치 있는 것은 직관이다. 신이 인간에게 내린 최고의 선물은 상상력과 직관이다'라고 말할 정도로 열렬한 직관신봉자였다. 아인슈타인뿐만 아니다. 프랑스의 미생물학자이자 노벨 생리의학상을 수상한 샤를 니콜도 '새로운 사실의 발견, 전진과 도약, 무지의 정복은 이성이 아니라 상상력과 직관이 하는 일이다'라고 했다. 국내에서는 <파인만 씨 농담도 잘하시네>라는 책의 저자로 잘 알려진 노벨 물리학상 수상자인 리처드 파인만도 '내가 문제를 푸는 과정을 보면 수학으로 해결하기 전에 어떤 그림 같은 것이 눈앞에 계속 나타나서 시간이 흐를수록 정교해졌다'라고 말했다. DNA를 발견한 공로로 노벨 생리의학상을 수상한 제임스 왓슨도 직관에 대해 이런 견해를 밝혔다.
>
> '직관은 신비한 것이 아니다. 그것은 모든 일이 어떻게 돌아갈 것인지를 알아채는 이면의 감각 같은 것으로 그 존재는 뇌 속에 숨겨져 있다. 직관은 논리적이다.'"

: 은지성, <직관>, 85p.

한국인들의 드라마, 영화, 노래, 제품, 게임 등이 세계의 주류가 될 수밖에 없는 이유는 한국인들 대부분이 창조적 사고의 토대가 되는 무의식적인 직관적 사고를 하는 우뇌 중심형 인간이기 때문이다. 그리고

성공과 부는 뇌에 달려 있다

이 시대에 우리들에게 직관 중심의 우뇌가 더욱 필요한 이유는 이 시대의 생존 전략 중 하나가 직관이기 때문이다. 정보가 홍수처럼 넘쳐나는 이 시대를 빠르고 현명하게 판단해 나가는 능력이 무엇보다 중요한 능력 중 하나이기 때문이다. 이러한 사실을 극적으로 잘 표현한 책이 바로 말콤 글래드웰의 〈블링크〉란 책이다.

그는 자신의 책을 통해 지금은 순간 판단력과 순간 통찰력, 직관의 힘인 통합적으로 한눈에 꿰뚫어 보는 힘이 중요한 시대라고 피력한다.

이처럼 우뇌가 가진 직관과 감성이 중요시되는 시대이기 때문에 우뇌 중심의 한국이 잘나가는 것은 어쩌면 당연한 일일지도 모른다. 삼성, 현대가 세계적 기업으로 도약하고 있고, 엄청난 한류 열풍이 불고 있다.

일본 기업들이 고전을 면치 못하고, 한국의 대표 기업들이 잘 나가는 이런 상황을 어떻게 설명해야 할까? 필자는 이것을 한국 기업에는 우뇌형 한국인들만이 가진 감성과 직관이 있고, 이로 인한 창조성이 훌륭한 결과를 창출하기 때문이라고 생각한다. 이시형 박사도 이렇게 말한 적이 있다.

"한국과 일본, 둘은 닮은 데가 많지만 뇌의 사용 모드는 극과 극의 정반대다. 한국이 우뇌형이라면 일본은 좌뇌형이다. 시치다, 하루야마 박사의 조사에 의하면 일본인의 80%가 좌뇌형이라는 결과이다. 해서 일본에선 잠자는 우뇌를 개발해야 한다는 학계의 목소리가 높으며, 서적도 많이 출간되고 있다, 거기 비하면 우리는 행운일까. 우뇌개발보단 활용만 잘하면 된다.

일본 사람은 신중하고 철저, 치밀하다. 타산, 분석이 정확하고 돌다리도 두드리며 건넌다. 청결, 친절, 질서, 신용은 세계적이다. 한데 이게 너무 지나쳐 일본이 지금 곤욕을 치르고 있는 것이다."

: 이시형, <우뇌가 희망이다>, 76p.

20세기가 좌뇌 중심의 지성과 산업화 시대였다면 21세기는 우뇌 중심의 감성과 문화 시대라고 할 수 있다. 그렇기 때문에 이제부터는 우뇌형이 많은 한국인이 세계의 주류가 될 것임이 분명하다.

과거에도 우뇌형 한국인들은 놀라운 문화를 형성하고 살았다. 치밀하게 계산해서 만들지 않고 막 만든 조선의 막사발은 한국인들이 우뇌형이라는 것을 단적으로 보여준다. 이러한 조선의 막사발을 보고 일본의 막부 도쿠가와는 '나도 이렇게 자연스러운 그릇을 빚을 수 있었으면!' 하고 감탄했다.

한국인들이 '대충', '아무렇게' 만든 조선의 막사발이 일본의 국보라는 사실을 아는가? 이것이 우뇌형 한국인의 힘이다. 그렇기 때문에 우뇌를 더욱더 활용한다면 지금보다 훨씬 더 큰 성장과 도약도 가능할 것이다.

2장

부자가 되고 싶다면
뇌를 이용하라

"기본적으로 인간은 편리한 생활을 누리고, 쉽고 편하게 사는 걸 좋아한다. 우리는 그것을 진보라고 말한다. 그렇게 되면 뇌도 편리한 방향으로 흐르게 마련이다. 편한 생활이 몸에 배면 신체는 그 기능이 떨어지고 나태해진다. 그러나 운동을 해서 단련시키면 그 기능을 향상시킬 수 있다. 뇌 또한 나태하게 두지 않고 자꾸자꾸 쓰다 보면, 그 기능이 향상될 수 있다."

_ 두뇌 트레이닝 일본 권위자 가와시마 류타, <5분 활뇌법>, 93쪽

도마뱀 뇌가 당신을 가난하게 한다

당신이 지금 가난하다면 그래서 부자가 되고 싶다면 당신은 어제보다 더 열심히 일해야 하는 것이 아니라 지금까지와는 전혀 다른 방식으로 부자가 되려 할 필요가 있다. 지금까지 당신이 사용한 방법이 전혀 효과가 없기 때문이다.

> "부를 숭배하는 이 시대에 부자는 인생을 즐기고, 빈자는 주어진 인생을 견뎌내야만 한다. 부자는 돈이 없어 고생하는 삶을 이해하지 못한 채 느긋하고 편안하게 생활하는 반면, 빈자는 돈 때문에 인생이 고달프고 피폐해져 절대로 가난에서 벗어날 수 없다고 삶을 포기하기도 한다.
>
> 부자는 매사 순풍에 돛 단 듯이 순조롭고 막힘이 없지만 빈자는 한 발 뗄 때는 순간마다 난관이오 장애물이다. 부자와 빈자 사이에 존재하는 엄청난 차이에 대해, 빈자들은 스스로 재운이 없는 탓이라고 말한다. 그러나 가난과 부의 수수께끼를 푸는 열쇠는 스스로 재운을 키우고 행운의 여신이 찾아올 수 있는 비결을 아느냐 모르느냐에 달려 있다."
>
> : 장옥빈, 이붕, <재기> 중

읽었던 책 중 필자에게 한동안 멍한 느낌을 준 책 중 하나인 〈재기〉에 나오는 이 대목처럼 가난과 부의 수수께끼를 푸는 열쇠는 행운의 여신이 자신을 찾아오는 비결을 아는 것이다.

그렇다면 당신은 그 비결을 알고 있는가? 그 비결을 안다면 당신은 지금 부자가 되어 있거나 혹은 부자가 되어 가고 있을 것이다. 그것이 아니라면 당신은 지금 점점 더 가난해져 가고 있을 것이다. 왜냐하면 그 자리에 멈추어서 현상유지를 한다는 것은 부자가 되거나 가난해지는 것보다 몇 배나 더 힘들기 때문이다.

물론 행운의 여신이 찾아오도록 만드는 비결은 한두 가지가 아닐 것이다. 필자는 그중 '뇌를 이용하는 방법'에 대해 말해 주고자 한다.

릭 에덜먼의 책 〈부자가 되는 길〉의 서문을 보면, 부자가 되는 데는 정해진 직업이 있는 것도 아니고, 재물에는 일정한 주인이 있는 것도 아니라고 한다.

> "자신에게 주어진 단 한 번의 삶을 살면서, 누구는 천금(千金)을 가지고 도시의 군주와 맞먹는 영화를 누리고, 누구는 만금(萬金)을 가지고 왕처럼 즐긴다. 반면 대부분의 사람들은 돈이 주는 즐거움을 즐기는 것이 아니라 돈이 주는 고통을 감내한다. 이처럼 어떤 이는 돈의 즐거움을 누리면서 삶을 살고, 어떤 이는 돈의 고통을 감내하면서 삶을 사는 것이 일상의 모습이다. 부자가 되는 데는 정해진 직업이 있는 것도 아니고, 재물에는 일정한 주인이 있는 것도 아니다."
>
> : 릭 에덜먼, 〈부자가 되는 길〉, 서문 중

성공과 부는 뇌에 달려 있다

그렇기 때문에 우리 모두는 어떤 직업을 가졌든, 어떤 사람이든 부자가 될 수 있다. 그리고 그 비결의 하나는 바로 앞서 말한 '도마뱀 뇌를 극복하는 것'이다.

왜 부자가 되는 비결 중 하나가 '도마뱀 뇌를 극복하는 것'일까?

그것은 부자가 되는 사람들의 공통점이 두려움과 걱정을 잘 이겨내고, 손해를 볼 수도 있지만 위험을 감수하고 도전하고 변화할 줄 아는 사람이라는 점 때문이다. 그리고 그렇게 두려움과 공포, 위험을 극복하고 도전하고 변화하기 위해서는 그것을 가장 크게 가로막는 장애물을 뛰어넘어야 한다.

눈에 보이지는 않지만 그러한 것들을 가장 두려워하고 변화를 가장 싫어하고 그 어떤 것에도 도전하지 못하게 하고 안정만을 추구하도록 하는 가장 큰 존재가 바로 우리의 뇌 속에 있는 도마뱀 뇌다. 당신이 지금까지 열심히 일했고 좋은 대학을 나오거나 좋은 직장을 가지고 있지만 부자가 되지 못했다면 그것은 당신의 도마뱀 뇌 때문이다. 당신이 지금까지 살면서 부자가 될 수 있는 많은 기회들을 다 놓친 이유는 당신이 멍청했기 때문이 아니라 당신의 도마뱀 뇌를 극복하지 못했기 때문인 것이다.

우리가 부자가 되지 못한 것은 겁이 많고 안전만을 추구하고 모든 변화에 저항하는 도마뱀 뇌 때문이라고 말할 수 있다. 당신의 뇌에서 가장 처음 진화하였고, 가장 오래전에 만들어진 것이 바로 이 도마뱀 뇌이다. 도마뱀 뇌는 생존과 분노와 욕정만을 갈망한다. 그래서 변화를 싫어하고, 현실에 안주하고, 무조건 저항한다.

도마뱀 뇌는 그저 지금처럼 생존하면서 먹고 자고 섹스하는 것 외에는 그 어떤 것도 추구하거나 변화를 시도하려고 하지 않는다. 그래서 우리가 변화를 두려워하지 않기 위해서, 그리고 변화를 추구하고 시도하고 도전하기 위해서는 반드시 도마뱀 뇌와 싸워서 이겨야 한다.

즉, 부자가 되는 최고의 비결은 손해 보는 것을 두려워하지 않는 데 있다. 손해 보는 것을 두려워하지 않는 사람만이 변화를 추구할 수 있다. 그리고 변화를 추구할 수 있는 사람만이 미래를 위해 보다 더 나은 도전과 모험을 감행할 수 있다.

인생에서 가장 어리석은 사람은 안전을 위해 그 어떤 변화도 추구하지 않는 사람이다. 인생에서 가장 위험한 일은 아무런 위험에도 뛰어들지 않으려 하는 것이다. 아무런 위험에도 뛰어들지 않으려고 하는 길은 결국 평생 가난하게 사는 최고의 길이라고 할 수 있다.

부자들은 모두 모험을 좋아하고 변화를 두려워하지 않는다는 사실을 확실하게 알려 주는 책이 있다. 바로 〈리치〉라는 책이다. 경영전문지 〈포브스〉가 지난 25년 동안 추적한 포브스 400(미국의 부자들을 일컫는 대명사), 즉 400대 부자들의 삶과 그들이 어떻게 재산을 모으고 어디에 썼는지를 밝힌 그 책을 보면 이런 말이 나온다.

"만일 포브스 400대 부호가 되기 위한 가장 중요한 원칙이 있다면 그것은 바로 리스크 감수다. 상속받은 재산이 없는 사람이 부자가 되는 가장 확실한 방법은 높은 위험을 무릅쓰고 모험을 시도하는 것이다.

포브스 400 부자들이 대부분 카드놀이와 포커의 고수들이라는 사실에는 나름대로 의미가 있다. 헤지펀드의 황제 스티브 코헨은 고등학교 다닐 때 밤을 새우며 포커를 쳤다. 언론 재벌 존 클러지는 대학 시절을 포커와 함께 보낼 정도로 포커광이었다. 서로 닮은 데라고는 별로 없지만 미국 역사상 가장 부유한 두 사람으로 손꼽히는 빌 게이츠와 워런 버핏도 모두 포커와 브리지 게임을 좋아한다. 대다수의 포브스 400 부자들은 꿈을 이루기 위해 어떤 때는 수차례에 걸쳐 높은 위험을 감수하기도 한다."

: <리치>, 63~64p.

포브스 400 부호들은 위험에 대해 일반인과 다른 생각을 갖고 있다. 위험을 기꺼이 감수할 줄 알고, 변화를 두려워하지 않는 이들은 자신이 가진 모든 것을 지렛대 삼아 자신이 그린 큰 그림을 실현하려고 과감하게 도전한 사람들이다. 그 지렛대를 만들기 위해 자신의 집과 주식과 부동산과 마지막 남은 전 재산까지도 과감하게 모두 걸 줄 아는 사람들이다.

성공하고 부자가 되기 위해서는 자신의 모든 것을 다 쏟아부을 줄 알아야 하고, 위험을 잘 관리할 줄 알아야 하고, 무엇보다 변화를 두려워하지 않아야 한다.

한마디로 당신이 부자가 되지 못했다면 변화와 모험을 두려워해서 도전하지 못하고 안전한 길만 선호하기 때문에 부자가 되지 못한 것이다. 그리고 당신이 그렇게 되도록 한 가장 큰 장본인은 당신의 도마뱀 뇌인 것이다.

환경을 바꾸면 뇌가 바뀐다

~~~~~~~~~~~~~~~~~~~~~~~~~

　법사회학의 아버지라고 불리는 독일의 법학자인 예링은 사회의 필요성을 강조하면서 실용주의 철학을 발전시킨 인물이다. 그런데 그는 자신의 저서 중 하나인 〈권리를 위한 투쟁〉이란 책에서 '권리 위에 잠자는 자는 보호받지 못한다'라는 명언을 남기기도 했다.

　이 말을 접하면서 뇌과학적인 측면에서 어쩌면 이렇게 뇌와 인간의 관계가 권리와 법의 관계와 비슷한지 놀랐던 적이 있다. 우리는 법치 사회에 살면서도 법을 잘 몰라서 손해를 보거나 불이익을 당하는 경우가 많다.

　법은 잠자는 자, 깨어 있지 않은 자, 무지한 자를 용서하지 않는 속성이 있다. 즉 그런 사람을 보호하지 않는 것이 바로 법이다. 그런데 인간의 뇌도 이와 다르지 않다. 뇌를 잘 알고, 뇌에 대해서 항상 올바른 지식을 가지고, 뇌를 깨우고 단련시키는 자만이 항상 뇌로부터 보호받을 수 있고, 뇌의 위력을 이용할 수 있다.

　그렇다면 어떻게 해야 뇌를 깨우고 단련할 수 있을까? 가장 중요한 것 중 하나가 환경을 잘 바꾸어야 한다는 것이다. 환경 중에는 우리가 바꿀 수 없는 환경이 있다. 예를 들면 시대적인 환경이 그럴 것이다.

레오나르도 다 빈치나 미켈란젤로가 그 시대에 태어나지 않아서 당시의 시대적 환경을 경험하지 못했다면 그들은 지금처럼 인류에게 영원히 기억되는 위대한 천재도 예술가도 되지 못했을지 모른다.

〈천재들의 뇌를 열다〉의 저자인 낸시 C. 안드리아센은 이를 다음과 같이 설명한다.

> "한 개인은 어떤 환경에서 태어나느냐에 따라서 달라진다. 레오나르도나 미켈란젤로가 이백 년 전이나 이백 년 후에 태어났더라면 그들이 지금 남겨 놓은 걸작품들은 만들어지지 못했을 것이다. 그전에는 해부를 할 수 없었다.
> 로렌초가 없었다면 미켈란젤로는 조각가가 되지 못했을 것이다. 율리우스 2세가 시스티나 성당 작업을 의뢰하지 않았더라면 미켈란젤로가 프레스코화를 그리는 일은 없었을 것이다."
>
> : 낸시 C. 안드리아센, 〈천재들의 뇌를 열다〉, 207p.

한마디로 표현하자면 천재는 태어나는 것이 아니라 환경에 의해 만들어지는 것이라고 할 수 있다. 하지만 환경 중에는 스스로 만들 수 있는 환경도 있다. 인간관계 같은 인적 환경은 자신의 노력 여하에 따라 충분히 달라질 수 있다.

그런 점에서 창조적인 사람의 주변을 살펴보면 창조적인 사람들이 많다는 것을 알게 된다. 부자들을 살펴보면 주위에 부자들이 많다. 그 이유가 바로 이것이다.

우리의 뇌는 환경에 따라 바뀐다. 창조적인 사람들은 창조적인 사람들을 주위에 많이 두기 때문에 더욱더 생산적이고 창조적인 사람이 되는 것이다. 뇌가 창조적인 주변 사람들을 통해 더욱 자극을 받고 새로운 패턴을 만들고 강력한 뇌 호르몬을 분비시키기 때문이다.

이와 마찬가지로 부자들을 많이 알면, 주위에 부자들이 많으면 우리는 부자가 될 수 있다. 그 이유는 위의 경우와 다르지 않다. 부자들을 통해 뇌는 자극을 받고, 부자들의 생각과 말과 행동을 눈으로 보고 몸으로 따라 하면서 학습하게 된다. 그러다 보면 뇌가 부자의 뇌로 바뀌게 된다.

그렇게 지내다 보면 어느 순간 자신이 부자처럼 생각하고 행동함을 느끼고, 실제로 자기 자신이 점점 더 부자가 되어 가고 있음을 발견하는 것이다.

'부자가 되려거든 부자들과 많이 어울려라'라는 말이 있는데, 바로 이런 이유 때문인 것이다.

부자와 함께 어울리면 부자들이 평소에 하는 생각과 행동, 말과 스타일을 직접 눈으로 보고 배우는데 뇌는 이것을 고스란히 학습한다. 이 세상에 그것보다 더 큰 공부가 또 어디 있을 까? 그리고 무엇보다 뇌에 자극을 주는 효과적인 방법이기도 하다.

당신이 지금 친하게 지내는 사람들의 평균 연봉이 당신의 연봉과 비숫하다면 이유가 바로 이것이다.

당신은 당신이 오늘 만나고 함께 어울리는 사람들의 수준에서 크게 벗어나지 못한다. 즉, 당신이 수준 높은 사람들을 만나고 친하게 지내고 어울리면 당신의 수준도 향상된다. 반대로 당신이 당신보다 훨씬 못한 사람들을 만나고 그들과 어울리면 당신의 수준도 곧 낮아질 것이다.

'근묵자흑(近墨者黑)'이 바로 그런 말이다. 먹을 가까이 하다 보면 당신도 모르게 검어진다. 우리가 사귀는 사람이 누구냐에 따라 우리의 생각과 언행이 바뀌는 것은 시간문제이다. 맹자의 어머니가 자식을 위해 세 번이나 이사를 간 것도 바로 이와 같은 이치에서이다.

이와 비슷한 고사성어가 또 있는데, 그중 하나로 〈순자(荀子)〉의 〈권학(勸學)〉 편에 나오는 '마중지봉(麻中之蓬)'을 들 수 있다.

쑥은 원래 곧게 자라지 못하는 식물이다. 하지만 삼밭에서 자라면 붙들어 주지 않아도 곧게 자란다. 부자가 되고 싶다면 부자와 친해져야 하고, 부자와 자주 어울려야 한다. 그것이 진리이다.

당신 주위에 부자들이 없다면 당신은 부자가 될 확률이 높지 않다. 당신 주위에 크게 성공한 사람들이 많지 않다면 당신은 성공할 확률이 높지 않다. 결국 우리가 읽은 것, 본 것, 사귄 사람들에 의해 우리의 뇌가 형성되고, 우리는 우리의 뇌가 형성된 만큼 부자가 되고 성공할 수 있는 그런 존재에 불과하기 때문이다.

환경에 의해 뇌가 바뀐다. 그래서 〈뇌를 젊게 하는 8가지 습관〉의 저자인 마이클 겔브 박사도 자신의 저서를 통해 나이가 들어도 뇌를 젊고 건강하게 개발하는 방법이 환경에 있다고 설명한다.

> "세월의 무게를 이기고 두뇌를 개발할 수 있는, 간단하면서도 기분 좋은 방법이 있다. 바로 아름답고, 긍정적이며, 두뇌를 강화해 주는 환경을 만드는 것이다. 아름다운 환경은 보기에 좋을 뿐 아니라 뇌구조에 막대한 영향을 끼친다. 신경과학자 리처드 레스탁은 이렇게 설명한다. '신생아 시기뿐 아니라 평생에 걸쳐 외부 환경 변화를 통해 뇌의 시냅스 구조를 변화시킬 수 있습니다.'"
>
> : 마이클 겔브, <뇌를 젊게 하는 8가지 습관>, 163p.

그렇다면 부자가 되기 위해서는 뇌를 부자를 만드는 뇌로 변화시켜야 한다. 부자가 될 수 있는 뇌는 한마디로 부요한 사고를 하게 해주는 부요한 환경에서 만들어진다. 다시 말해 부자들의 생활을 자주 보고 느끼고 동참하는 환경을 만드는 것이 중요하다는 것이다.

주위에 경제 상황이 좋지 않거나 자신과 상황이 엇비슷한 사람들만 있다면 그 사람은 평생 그 수준에서 벗어나지 못할 것이다. 조금 불편하고 힘들어도 부자들을 만나고, 부자들의 생활환경을 자주 접하고, 부자들의 삶을 경험하는 사람이 되고자 노력해야 한다.

환경이 뇌를 바꾸고, 바뀐 뇌는 사람과 그 사람의 삶을 바꾸기 때문이다.

부자의 뇌는 특별한 구조를 가지고 있다

부자의 뇌와 가난한 사람들의 뇌는 전혀 다른 성격을 가지고 있다. 그래서 같은 사건을 접했을 때 서로 다른 반응을 보이며, 전혀 다른 행동을 하게 한다. 그리고 그러한 행동은 결국 부자들은 더욱더 부자가 되고, 가난한 사람들은 더욱더 가난해지게 만든다.

부자와 가난한 사람들이 전혀 다른 성격을 가지고, 전혀 다른 행동을 하는 이유는 결정적으로 그들의 뇌가 전혀 다르기 때문이다.

〈부자의 생각은 당신과 다르다〉라는 재미있는 책의 서문에는 이러한 말이 나온다.

> "부자와 빈자의 기본적인 차이는 '생각하는 방식'에 있습니다. 부자는 도전적이고, 창조적으로 사고를 합니다. 빈자는 수동적이고, 답습적으로 생각을 합니다. 수백억 원의 재산가였다가 한 번의 실패로 손안의 거의 모든 재산을 날려도, 수년 후에 더 크게 일어서는 오히려 수천억 원의 재산을 보유하는 부자들이 세계에는 많이 있습니다.
>
> 부자는 핑계를 대지 않습니다. 감각적으로 머리에 떠오르는 생각을 섬광처럼 실행에 옮깁니다. 남의 눈치를 안 보고, 이거다 싶으면 바로 달려듭니다. 가정

의 생활비만 남겨 두고는 가진 것의 모두를 배팅하는 배짱이 있습니다. 만약, 재산이 없으면, 없는 대로 빌려서 투자에 들어갑니다."

: 부자학연구학회, <부자의 생각은 당신과 다르다>, 6p.

이처럼 부자들은 도전적이다. 그리고 배짱이 있다. 그리고 창조적이다. 그런데 그들이 그렇게 할 수 있는 이유는 그들의 뇌가 바로 그렇기 때문이다. 한마디로 부자들의 뇌는 특별한 구조를 가지고 있기 때문에 부자들의 사고와 빈자들의 사고는 전혀 다르며, 평범한 사람들의 사고와 부자의 사고도 다르다.

누구나 인생을 살다보면 막다른 골목을 만난다. 그런데 이러한 막다른 벼랑 끝에서 어떤 사람은 더 부자가 되고, 어떤 사람은 더 가난해지는 이유가 무엇일까?

그것은 바로 편협한 틀 속에 갇힌 잘못된 뇌구조를 지녔느냐 아니냐의 차이라고 할 수 있다.

이러한 사실에 대해 보스턴 필하모닉 오케스트라의 초대 지휘자였던 벤저민 잰더는 자신의 저서인 〈가능성의 세계로 나아가라〉라는 책을 통해 이렇게 말한 바 있다.

"우리의 두뇌는 기본적으로 편협한 틀로 이루어져 있다. 즉 가능하다고 생각되는 것만을 정의하고 규정하려고 한다. 따라서 인생에서 난제와 딜레마, 막다른 벼랑 끝 등을 만나면 우리는 해결이 불가능하다는 판단을 내리고 좌절한다. 우리가 해야 할 일은 그 편협한 틀을 확장하거나 그 주변에 새로운 틀을 만드는 것이다. 그러면 문제는 사라지고 새로운 가능성이 나타날 것이다."

즉, 편협한 틀을 확장하거나 그 주변에 새로운 틀을 만들 때 문제는 사라지고 새로운 가능성이 나타난다는 것이다.

그런데 그렇게 새로운 틀을 만들거나 편협한 틀을 확장시킨다는 것은 결국 뇌구조를 바꾸어 새로운 의식과 사고를 가진다는 것을 의미한다. 그렇게 새로운 뇌구조를 가질 때 이전에는 불가능한 것으로만 보였던 모든 것들이 가능한 것들로 보이기 시작하는 것이다. 그리고 바로 그럴 때, 엄청난 부자가 되는 것도 실현 가능한 자신의 미래가 되고, 현실이 되어 눈앞에 나타나게 된다. 이런 이유에서 부자와 빈자를 가르는 것은 능력이 아니라 뇌력이라고 할 수 있다. 그리고 그러한 뇌력은 결국 뇌구조에서 비롯된다고 할 수 있다.

부자들은 가난한 사람들이 생각하지 못하는 것들을 생각하고, 가난한 사람들보다 훨씬 더 창의적이고, 실천력이 높은 지능, 즉 성공지능을 가진 성공 뇌, 부자 뇌를 가지고 있다. 그래서 부자가 된다.

〈성공지능 가르치기〉의 저자이자 성공지능 이론의 창시자로 알려진 로버트 J. 스턴버그 예일 대학교 심리학과 교수는 부자들에겐 공통적으로 '성공지능'이란 게 있다고 주장하였다.

그는 성공지능의 구성 요소로 '분석지능', '창의지능', '실행지능' 등을 설명하면서, 복잡한 상황의 맥을 짚는 분석지능, 새로움과 돌파구를 마련하는 창의지능, 그리고 이를 추진력 있게 밀어붙이는 실행지능이 골고루 발전한 사람이 바로 부자라고 했다.

즉, 부자에게는 부자가 되는 특별한 뇌기능과 뇌구조가 있다는 것이다. 지난 2004년 4월에 방영된 SBS TV 〈브레인 코리아〉는 부자와 일반인의 차이가 뇌에 있다는 사실을 전격 공개했다. 부자들은 뇌에서 배외측 전전두엽을 매우 효과적으로 사용하고 있었다.

〈부자가 되는 뇌의 비밀〉의 저자인 신경정신과 유상우 박사는 '부동산, 주식, 경매도 결국 뇌활동의 결과다. 그러므로 먼저 뇌를 개발해야 투자를 성공으로 이끌 수 있다'고 자신의 책을 통해 밝혔다.

그는 자기 힘으로 부를 이룬 고졸 이하의 학력을 가진 부자들과 대졸 이상의 평범한 직장인들을 나눠 실험했다. 두 그룹의 평균 지능지수(IQ)는 비슷했다. 부자들의 경우 116, 일반인은 114 정도로 큰 차이가 없었다. 그리고 이 두 그룹에게 동일한 문제를 풀어 보도록 했다. 문제를 푸는 동안 그들의 뇌를 촬영해 관찰했다. 결과는 놀라웠다.

두 그룹이 뇌를 사용하는 방법이 달랐다는 사실을 관찰할 수 있었던 것이다.

문제를 푸는 동안 두 그룹은 모두 '배외측 전전두엽'을 사용했다. 그러나 두 그룹의 가장 확실한 차이는 기능적인 측면이었다.

일반인은 뇌의 다른 부위도 왕성하게 사용하는 데 반해 부자들은 주로 '배외측 전전두엽'이라는 특정 부위에 의존해 문제를 풀고 있었다. 이는 두 그룹 사이에 뇌의 활용 방식과 기능의 차이가 분명함을 나타내는 것이었다.

"부자들이 특정 부위를 집중해서 사용하고 있고, 일반인들이 뇌의 전체를 사용하고 있다는 사실은 부자들이 일반인에 비해 뇌를 효율적이고 집중적으로 사용하고 있다는 증거이다."

부자들이 집중적으로 활용한 배외측 전전두엽은 '뇌의 최고 사령부'라고 불리는 부분으로, 계획을 세우고, 동기를 부여하며, 다양한 사고를 하는 가장 중요한 기능을 담당하는 뇌 부분이었다.

이처럼 부자들은 특별한 뇌구조를 가지고 있고, 특별한 방식으로 뇌를 활용한다. 그것이 좀 더 집중적이고 효율적인 뇌 활용법이라 할 수 있을 것이다.

부자와 빈자를 가르는 것은 뇌력이다

당신이 가난하게 살아가는 이유는 당신이 남들보다 더 열심히 일하지 않았기 때문도 아니고, 머리가 나쁘기 때문도 아니다. 그렇다고 학력이나 경험이 부족해서도 아니다.

당신이 가난하게 살아가는 이유는 그들보다 뇌력이 부족하기 때문이다. 뇌력은 한마디로 '뇌를 사용하여 생각해 내는 힘'이다. 즉, 사고력이라고 말할 수 있다.

철학자이자, 법학 박사, 교육자였던 조셉 머피 박사는 이러한 사실을 너무나 명쾌하게 자신의 저서를 통해 주장했다.

"진정으로 부(富)를 얻은 사람들은 사고(思考)가 갖고 있는 창조력에 대해 알고 있는 사람들이며, 또한 풍부함과 번영에 대한 생각을 끊임없이 잠재의식에 새기는 이들이다. 그리고 그 잠재의식은 그들이 생각하는 사물을 그들의 경험의 세계로 객관화시킨다. 부를 얻은 사람들의 공통된 사고방식은 현상으로부터 사물을 생각하려 하지 않는다는 점이다. 그것은 그들이 지속되는 창조적인 사고는 현상의 세계에 나타나려고 한다는 것을 알고 있기 때문이다. 또한 빈곤과 결핍의 상태에서 부에 대해 생각하는 경우 의식을 집중하여 생각하고, 그것을 유지하는 것이 필요하다. 그리고 단련이 되어 이 사고방식을 그대로 실행하고 있는 사람은 필연적으로 부를 손 안에 넣을 수 있다. 성경에는 이렇게 말하고 있다.

'무릇 있는 자는 받겠고 없는 자는 그 있는 것도 빼앗기리라.' - <누가복음> 제19장 26절

이것을 바꾸어 말하면, 부유한 사람은 점점 더 부유해지고, 가난한 사람은 점점 더 가난해진다는 것이다. 모든 경험의 근원인 마음의 끝없는 부에 신경을 쓰면 사람은 점점 더 부유해진다. 땅에 떨어진 하나의 낟알은 마침내 수백 개의 씨로 번식하는 것처럼 당신의 부의 씨도 드디어 당신의 경험이 되고 엄청나게 늘어 그 모습을 나타낼 것이다."

: 조셉 머피, <마음만 먹으면 당신도 부자가 된다>, 12~13p.

조셉 머피 박사가 주장하는 것 중에 가장 중요한 것은 창조적인 사고력이다. 창조적인 사고력이 나오기 위해서는 뇌를 단련하여 뇌력을 키워야 한다.

뇌가 단련이 되어 유지되고 실행된다면 반드시 부를 손 안에 넣을 수 있다. 부자가 되는 길은 의도적으로 뇌를 단련하는 것이다. 당신의 뇌가 당신의 부를 결정하기 때문이다.

필자는 뇌를 단련하여 사고력을 향상시키면 부자가 될 수 있다고 주

성공과 부는 뇌에 달려 있다

장하는 사람이 적지 않다는 사실을 발견하고 놀라지 않을 수 없었다. 진정한 부의 원천은 뇌력, 즉 사고력에 있다고 말하는 사람들의 말이 매우 논리적이고 강렬하고, 심지어 설득력이 높기까지 했기 때문이다.

아주 오래 전 필자가 읽었던 책들 중에 매우 인상적인 책이 한 권 있었는데, 책의 내용이 바로 이런 것이었다. 그 책의 저자가 주장하는 내용은 우리를 부요하게 해주는 것, 우리가 부자가 되게 해주는 것은 바로 '생각(사고력)'이라는 것이었다. 그 책은 42개국 2억 명이 넘는 사람들이 시청하는 최면술 쇼 프로그램을 진행하는 심리치료사인 폴 매케나가 쓴 〈온 리치(ON! Rich)〉라는 책이다.

이 책의 놀라운 점은 아주 오래전에 필자의 고정관념을 현실적으로 바꾸어 놓았다는 것이다.

즉, '은행 잔고가 넉넉하지 않으면 부자가 아니다'라는 고정관념을 현실적으로 바꾸어 놓으면서도, 참된 부자로 살아갈 수 있는 길을 제시해 주었다.

부유함은 한계가 아니라 가능성에 초점을 맞추어 자신만의 방식으로 인생을 살아갈 때 생긴다고 그는 주장했다. 그는 당신이 현재 부자가 아니라면, 그것은 당신의 잘못이 아니라고 말한다. 부모의 잘못도 아니고, 사회나 정부, 운명을 탓할 일도 아니라고 한다. 그것은 현재 당신의 '부자 프로그래밍'이 잘못되어 있기 때문이라고. 사람의 정신은 컴퓨터와 비슷해서 소프트웨어(생각)가 잘 돌아가는 만큼만 효과를 발휘해 내기 때문이라는 것이다.

"80여 년 전, 전설의 실업가 앤드루 카네기는 세상에서 가장 큰 부자 중 한 명이었다. 그는 자신이 부유함을 창출하는 진짜 비결을 알아냈다고 확신했고, 나폴레온 힐이라는 젊은 기자에게 생존한 최고 부자 400명을 면담해 그들 역시 자신이 발견한 비결을 이용해 부자가 되었는지 알아보라고 의뢰했다. 나폴레온 힐은 그 후 20년간 그 목록에 적힌 사람들을 거의 모두 만나 그들이 하나같이 카네기가 발견한 것과 똑같은 간단한 부유함의 청사진을 따랐다는 것을 알아냈다. 그 결과를 토대로 출판한 나폴레온 힐의 <놓치고 싶지 않은 나의 꿈 나의 인생>은 고금을 통틀어 가장 많이 팔린 비소설 도서 중 하나다.

카네기와 큰 성공을 거둔 모든 사람이 인생에서 부유함을 창출하는 데 이용한 비결은 간단했다.

'모든 부유함은 정신에서 창조된다.'

주위를 둘러보자. 당신이 앉아 있는 바로 그곳에서 누군가의 머릿속에 들어 있던 생각으로 시작된 사물이 얼마나 많이 보이는가? 건물 안이나 기차 안, 아니면 벤치에 앉아 있는가? 당신이 공원 벤치에 앉아 있다면 그 공원은 누군가의 머릿속에 들어 있던 생각에서 시작되었다. 자동차를 운전하거나 버스를 타고 가는 중인가? 지금은 자동차나 버스를 움직이는 석유가 한때는 아무 쓸모없는 것으로 여겨졌다. 석유는 본래 쓰레기였지만, 누군가의 생각이 오늘날 세상에서 가장 귀중한 상품 중 하나로 바꿔놓은 것이다."

: 폴 매케나, <온 리치(ON! Rich)>, 22~23p.

성공과 부는 뇌에 달려 있다

필자는 이 말에 큰 충격을 받았다. 부유함이 정신, 즉 생각(사고력)에서부터 비롯된다는 말 말이다. 결국 필자는 이때부터 지금까지 생각하고 또 생각하는 것을 훈련하고 연습했다. 즉 뇌를 단련하여 뇌력을 키워서 사고력을 향상시켰다. 처음에는 어색하고 힘들었지만 지금은 어느 정도 익숙해졌고, 그 결과 똑같은 일을 하면서도 생각을 약간만 바꿈으로써 몇 배나 더 많은 부를 획득하는 뇌력의 위력을 실제로 경험하게 되었다.

10년 넘게 월급쟁이 생활을 할 때에는 이렇게 뇌력을 키워야 할 필요성을 느끼지 못했고, 사고력을 향상시키지 않아도 수입은 어느 정도 일정했다. 그래서 월급쟁이가 부자와 더욱더 관계없는 사람이 되어 가는지도 모른다.

부자들 중 십중팔구가 스스로의 삶을 뛰어난 사고력을 통해 개척해 나간 사람들인 이유가 바로 여기에 있다. 월급쟁이들이 평생 큰 부자가 되지 못하는 이유는 환경적으로 뇌력을 키울 조건을 갖추지 않아도 되기 때문이다.

대기업 회장이나 임원들, 중소기업 사장들, 각 분야의 일인자들을 모두 포함하여 부자들과 평범한 서민들의 가장 큰 차이는 치열하게 생각하고 고민하면서 뇌력을 지속적으로 키워 나갔는지 그렇지 않았는지일 것이다. 뇌력을 키워서 사고력을 향상시킨 사람일수록 더욱 성공하고 더욱더 부자가 된다. 그러므로 이제부터라도 뇌를 단련하고 뇌력을 키워 나가야 하는 것이다.

엄청난 부자들은 평범한 사람들보다 힘이 100배, 1,000배 센 것이 아니고 지식이나 재능이 100배, 1,000배 많거나 뛰어난 것도 아니다. 그들이 평범한 사람들보다 100배, 1,000배 나은 것은 바로 '뇌력'이다. 생각과 의식의 차이는 100배, 1,000배의 격차를 내는 유일한 인간의 특성인 것이다.

일본의 시오타 히사시 브레인사이언스 연구소 소장은 21세기는 뇌의 시대라고 말한다. 그리고 그의 책 〈성공 뇌〉를 보면, '부자들은 외부의 자극이나 정보를 받아들이는 감성이 매우 뛰어나다'라고 주장하는 것을 볼 수 있다.

여기서 감수성이 풍부하다는 말은 겉으로 드러내는 감정 표현이 큰 것을 가리키는 것이 아니다. 그보다는 뇌에서 일어나는 감정 반응이 큰 것을 의미한다. 즉 사물을 느끼는 힘, 인상을 받아들이는 능력, 자기 주위의 자극이나 조건에 대해 느끼거나 반응하는 능력이 크다는 것이다. 그런데 그러한 능력은 바로 성공이라는 관점에서 보면 대중의 관심과 수요를 포착해 내는 능력이 뛰어나다는 것으로 해석할 수 있다. 바로 이런 것을 두고 뇌력이 좋다고 말할 수 있을 것이다.

성공과 부는 뇌에 달려 있다

돈 버는 뇌, 부자 뇌는 따로 있다

회사원이 부자가 되는 방법은 무엇일까?

아파트를 사고, 주식을 하고, 다양한 종목에 투자하는 것일까? 한 푼 두 푼 아끼면서 몇 십 년을 가난하게 사는 것일까? 그렇게 산다고 부자가 된다는 보장은 없다. 오히려 실제로 부자들은 한 푼 두 푼 아껴서 부자가 되는 것이 아니라 몇 배 더 벌기 때문에 부자가 되는 것이다.

놀라운 사실은 함께 직장 생활을 10년 넘게 한 사이라고 해도, 두 사람 사이의 빈부 격차는 발생한다는 것이다. 누구는 집 한 채 없이 살지만, 누구는 한 채가 아니라 서너 채의 아파트를 수도권에 가지고 부자로 산다.

이때 이들의 차이는 월급의 차이가 절대 아니다. 그리고 능력의 차이나 학식의 차이도 절대 아니다. 두 명이 딱 엇비슷한 수준의 직장 동료이기 때문이다.

그렇다면 이 두 사람의 빈부 격차를 만든 것은 무엇일까?

그것은 바로 이들의 '뇌'가 다르다는 사실이다.

〈부자 되는 뇌 구조〉의 저자인 나카기리 게이키는 자신의 저서를 통해 회사원이 부자가 되려면 뇌구조부터 뜯어고쳐야 한다고 역설한다. 비슷한 월급을 받으면서도 십 년 후 혹은 이십 년 후에 부자가 되는 사람과 가난하게 사는 사람이 갈리는 건, 부자가 되는 뇌를 가진 사람은 투자 후 시간의 중요성에 대해 잘 알기 때문이라고 한다. 그리고 시간이 부자가 되는 데 중요한 이유로 복리의 마력을 꼽는다.

"인류가 발견한 가장 위대한 법칙 중 하나가 복리의 발명이며, 이는 세계 8대 불가사의다."

20세기 최고의 천재 과학자인 아인슈타인이 한 말이다. 나무 한 그루를 심으면 그것이 숲을 이룬다. 그 과정에 숨어 있는 비밀이 바로 복리다. 자연은 위대하다. 자연은 이미 복리의 비밀을 알고 있고, 그것을 실천하고 있다.

인류가 이제 겨우 발견한 가장 위대한 법칙인 복리를 당신은 사용하거나 활용하고 있는가? 부자와 빈자의 차이를 가르는 것은 이러한 원리를 잘 아는 뇌를 가졌느냐 아니냐 라고 할 수 있다. 물론 실천하고 안 하고 역시 뇌의 역할이다.

"제가 아는 A씨는 적립 투자로 운용 자산이 수천만 원이 되었습니다. 그리고 적립한 돈을 모두 털어 당시 유행하던 BMW 자동차를 구입했습니다. BMW를 사는 순간은 정말 기뻤지만, 10년 후인 지금은 매우 후회

하고 있었습니다. 왜냐하면 그대로 계속 운용을 이어갔다면 집 한 채를 살 수 있을 정도로 액수가 늘었을 테니 말입니다. 이렇게 말하면 내리는 경우도 있지 않느냐고 할지 모르지만, 여기까지 읽어 온 독자라면 기본적으로 주식이라는 것은 개별 종목의 부침은 있어도 시장 전체는 우상향으로 상승한다는 인식을 이해하고 있을 것입니다. 세계 제2위의 대부호 워런 버핏은 '내가 좋아하는 보유기간은 영원'이라고 말했습니다."

위 대목처럼 부자 뇌를 가진 부자들은 이러한 기회를 눈앞의 허영심을 채우기 위해 교환하지 않는다. 그래서 부자들은 지독하다는 소리를 듣는지도 모른다. 하지만 결국 남들이 점점 더 가난해지는 노년으로 갈수록 부자들은 점점 더 부자가 되는 이유도 여기에 있다고 할 수 있을 것이다.

그렇다면 정말 복리에 그렇게 엄청난 마력이 숨은 것일까? 왜 아인슈타인이 복리의 발명을 인류가 발견한 가장 위대한 법칙 중에 하나이며, 이것을 세계 8대 불가사의라고까지 한 것일까? 복리는 과연 무엇인가? 살펴보자.

복리(複利, Compound interest)의 사전적인 의미는 '매월 적립한 금액에 대해서만 이자를 더해주는 방식인 단리와 달리, 매월 적립한 금액과 발생한 이자에 이자를 더해주는 방식'이다. 아래는 필자의 또 다른 저서 중의 하나인 〈당신을 부자로 만들어 주는 것들〉이란 책에서도 소개했던 복리 이야기이다.

　가령 철수와 영희가 고등학교 입학하는 15살 때 부모가 선견지명이 있어서 그들의 앞날을 위해 1,000만원을 6%와 8%의 이율로 계산해 주는 복리 상품에 각각 가입했다고 가정하자.

　그리고 그 사실을 까맣게 잊고 있다가 그들이 결혼하고, 자녀를 낳아서 그 자녀들이 다 성장한 후에 결혼을 시키려는 데 목돈이 없어서 전전긍긍하다가 때마침 자신들이 고등학교 입학할 때 복리 상품에 가입한 사실을 뒤늦게 깨닫고 은행에 찾아간 것이다.

　철수는 6%의 이율로 복리 상품에 가입했고, 그로부터 36년이 지나서 그의 나이는 지금 51세이다. 직장에서도 오래전에 퇴직했고, 먹고살 일이 막막했다. 영희는 일찍 남편을 떠나보내고 세 자녀를 키운다고 너무나 고생을 많이 해서 여기 저기 병치레도 자주 하고, 병원에 갈 돈도 없는 최악의 생활고에 전전긍긍하며 자녀들을 시집보낼 돈도 없는 상황이었다.

　오래전에 단돈 1,000만원을 은행에 예금시켜 놓았다는 것을 깨닫고 은행을 찾아간 두 사람은 겨우 몇 천 만원 더 이자가 붙었으면 좋겠다고 생각했지만, 실제 수령 금액을 보고서는 놀라지 않을 수 없었다.

　철수는 이율 6%의 복리에 가입하여 36년이 되었기 때문에, 8,000만원을 찾을 수 있었다. 더 놀라운 사실은 겨우 2%의 이율 차이인 영희의 경우에는 8%의 복리에 가입하여 같은 시기인 36년 후에 원금 1,000만원짜리가 무려, 1억 6,000만원으로 엄청나게 불어 있었던 것이다.

철수도, 영희도 놀라지 않을 수 없었다. 겨우 2%의 이율 차이인데 누구는 8,000만원을 벌었고, 누구는 1억 6000만원을 벌었던 것이다.

이것이 바로 복리의 마법이다. 만약에 이들이 조금 더 있다가 48년 후인 그들의 나이 63세에 이 돈을 찾았다면, 철수는 1억 6000만원을 받을 수 있고, 영희는 무려 3억 2,000만원을 받을 수 있다.

생각하면 할수록 놀라운 것이 복리의 비밀이다. 부자들은 모두 1%의 이율에 목숨을 건다. 아니 그것보다 더 작은 0.1%의 이율에도 민감하다. 바로 이러한 이유 때문이다. 바로 이렇게 복리를 이용하는 자와 이러한 것이 있는지도 모르고 이용하지 않는 자의 차이는 10년 후, 20년 후, 30년 후 갈수록 벌어진다.

복리와 관련해서 우리가 좀 더 알아야 할 유용한 지식에 72의 법칙이 있다. 쉽게 말해 내가 입금한 원금이 언제 두 배가 되는지를 알 수 있는 법칙이 바로 72의 법칙이다. 내가 입금한 원금이 두 배가 되는 기간은 72를 이자율의 숫자로 나눈 기간이다.

가령, 철수의 경우를 예로 들면 철수는 1,000만원을 6%의 이자율로 입금했고, 원금 1,000만원이 언제 2배가 되는지는 72를 이자율인 6으로 나누면 나온다. 72 나누기 6은 12이므로, 12년 후에 두 배가 된다. 즉, 12년 후에 두 배가 되고, 다시 12년 후인 24년 후엔 두 배의 두 배가 되고, 다시 12년 후인 36년 후엔 두 배의 두 배의 두 배가 된다. 그리고 다시 12년 후인 48년 후에는 두 배의 두 배의 두 배의 두 배가 된다.

다른 경우를 한 번 생각해 보자.

여러분의 한 달 용돈이 얼마인가? 큰 결심을 하고 한 달에 50만원씩 20대 초반부터 매달 은행에 입금하고, 8% 복리로 운용한다고 생각해 보라. 아무리 힘들고 어려워도 이것을 지속한다고 결심하고 지켜보라.

돈이 없을 때는 남들한테 빌려서라도 실천해 보자. 나중에 50대 중반이 되어 자녀들을 대학에 보내고, 시집보내고, 장가보내야 하는 데 돈이 없다면 어떻게 할 것인가?

그때, 즉 35년 후에 찾으라는 것이다. 그때 얼마를 찾을 수 있을까?

몇 억이 아니다. 십억이다!

아들딸 장가보내고 시집보내고 대학 등록금 대출받은 것 다 갚고 노년을 어느 정도 부요하게 지낼 수 있는 돈이 생긴 것이다.

이것이 바로 복리의 힘이다.

부자와 빈자의 차이는 이러한 원리를 이해하고 깨달은 부자 뇌를 지녔느냐 않았느냐로 갈릴 수 있는 것이다.

뇌는 영혼의 하드웨어다. 뇌가 올바로 작동하지 않으면, 우리는 진정으로 되고 싶어 하는 사람이 될 수 없다. 뇌가 어떻게 작동하느냐에 따라서 행복의 정도, 효율적인 업무 능력 그리고 대인 관계의 수위가 결정된다.

뇌의 상태는 결혼, 양육 방법, 직업, 종교적 신념 그리고 기쁨과 슬픔의 경험 등에 도움을 줄 수도 있고, 그렇지 않을 수도 있다. 만약 불안하고, 우울하고, 강박증이 있거나, 화를 쉽게 내거나, 쉽게 주의가 산만해진다면, 아마도 이러한 문제들이 모두 우리의 '마음속에' 있다고 생각할 것이다. 다시 말해서 문제가 순전히 심리적인 것이라고 믿을 것이다.

그러나 나와 우리 연구원들의 연구를 살펴보면 그 문제가 뇌의 생리적인 측면과 관련이 있는 것을 알 수 있다. 그리고 희소식은 그 생리적인 측면을 변화시킬 수 있는 증거 또한 가지고 있다는 것이다. 우리는 이를 통해 많은 잘못된 문제들을 고칠 수 있다.

: 다니엘 G. 에이멘, <그것은 뇌다>, 8p.

Brain
Enovation

PART 2 ●

건강과 행복은
뇌에 달려 있다

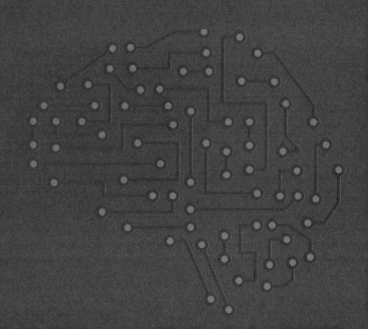

3장

건강하고 싶다면
뇌를 단련하라

"누구나 운동을 하면 기분이 좋아진다는 사실은 알지만 도대체 왜 그런지를 아는 사람은 별로 없다. 그저 스트레스가 사라져서, 혹은 뭉친 근육이 풀어지거나 엔도르핀 수치가 높아져서 그럴 것이라고 짐작할 뿐이다. 하지만 유쾌한 기분이 드는 진정한 이유는 운동을 해서 혈액을 뇌에 공급해 주면 뇌가 최적의 상태가 되기 때문이다. 이러한 점은 단순히 신체에 이롭다는 사실보다 훨씬 중요하고 흥미진진하다. 근육이 발달하고 심장과 폐의 기능이 개선되는 것은 부산물에 불과하다. 그래서 나는 종종 환자들에게 말하곤 한다. 운동을 하는 진정한 목적은 뇌의 구조를 개선하는 것이라고."

_ 존 레이티, 에릭 헤이거먼, <운동화 신은 뇌>, 서문 중

산책을 하면 뇌가 단련된다

"앉아 있는 것은 두뇌 친화적이지 못하다. 인류는 수백만 년 동안 하루에 20킬로미터씩 걷는 생활을 해왔다. 하지만 오늘날 우리는 차에, 소파에, 사무실 칸막이 안에, 교실에 앉아서 지낸다. 다시 몸을 움직여야 한다. 그러면 발군의 사고력을 발휘할 수 있다."

: 존 메디나, <브레인 룰스>, 53p.

건강하고 싶다면 무엇보다 뇌를 단련시켜야 한다. 뇌가 단련되면 몸이 민첩해지고 건강해지기 때문이다.

현대인들은 너무 걷지 않는다. 어쩔 수 없다. 자동차가 발명되고, 대중교통이 발달했기 때문에 하루에 10km를 걷는다는 것은 여간 힘든 일이 아니다. 하지만 걷는 것이 우리의 건강과 지능에 밀접한 연관이 있다는 사실을 명심해야 한다.

직장에 있든, 학교에 있든, 집에 있든 걷는 것을 생활화하는 사람이 결국에는 건강한 삶을 살아간다고 장담해도 과언이 아닐 정도로 걷는 일은 매우 중요하다.

세계적인 뇌과학의 권위자인 존 메디나는 자신의 저서를 통해 몸을 움직여야 뇌도 움직이고, 그로 인해 뇌기능이 발달한다고 피력한다. 그는 운동이 뇌를 활발하게 움직이게 하고, 단련시킬 수 있다고 말한다. 산책과 같은 가벼운 운동조차도 우리의 두뇌에 얼마나 좋은지를 알면 오늘부터 당장 산책을 생활화하지 않을 수 없는 것이다.

〈두뇌의 힘 100% 끌어올리기〉란 책의 저자인 쓰키야마 다카시 의학 박사는 걷기가 뇌의 혈류를 원활하게 하기 때문에 뇌건강에 좋다고 말한다.

"손과 발, 입을 움직이는 운동 기능은 뇌의 표면 중앙 부분에 분포되어 있습니다. 이 영역이 활발하게 움직인다는 것은 바로 이곳에 이르는 뇌의 혈류가 좋아진다는 뜻입니다. 특히 발을 움직이는 기능은 뇌의 두정부(정수리 부분의 최상층)에서 담당하는데, 걷기 운동을 열심히 하면 혈액이 뇌의 상층부까지 도달하게 됩니다. 걷기는 발을 중심으로 한 전신 운동으로서 뇌 전체의 혈액 순환을 원활하게 합니다. 산책 후에 뇌기능이 좋아지는 것은 바로 그런 이유 때문입니다."

: 쓰키야마 다카시, 〈두뇌의 힘 100% 끌어올리기〉, 28p.

존 메디나는 하루에 30분씩 일주일에 두세 번 유산소 운동을 하는 것만으로 인지능력이 향상된다고 말한다. 또, 운동 강도에 대해서도 잘 설명해 주는데, 그가 제시하는 운동의 강도는 가볍게 20분 혹은 30분 정도 걷는 것이다.

"그렇다면 운동을 얼마나 해야 할까? 다시 한 번 말하지만, 조금씩 오랫동안 해야 한다. 연구에 따르면, 어떤 형태로든 일주일에 두 번만 운동을 하면 충분하다. 하루에 20분씩 걸으면 노인들의 지적 장애를 일으키는 중요한 원인 가운데 하나인 뇌졸중 같은 발작을 일으킬 위험이 57퍼센트 낮아진다."

: 존 메디나, <브레인 룰스>, 36p.

한마디로 산책을 하면 뇌가 단련되고 건강해진다. 이를 존 메디나 박사는 운동을 하면 몸속의 조직에 공급되는 혈류량이 증가하기 때문이라고 설명한다. 운동을 하면 혈액의 흐름을 조절하는 산화질소라는 분자가 만들어지고, 이것이 혈관을 자극해서 혈액의 흐름이 좋아지고, 이것은 우리 몸에 새로운 혈관을 만들어 내고, 혈관은 조직 속으로 더욱더 깊이 침투한다.

쉽게 말하면, 운동을 하면 할수록 더 많은 조직에 영양분을 공급하고, 더 많은 유독성 폐기물을 제거하게 된다. 그 결과 운동이 대부분의 몸의 기능을 향상시키게 되는 것이다.

그런데 운동을 하면 몸이 기능이 향상되는 것과 똑같은 현상이 두뇌에서도 일어난다. 운동을 하면 뇌의 전반적인 기능이 활성화된다. 존메디나 박사는 운동을 하면 뇌 속의 치아이랑(Dentate gyrus)이라는한 부분의 혈액량이 증가하는데, 이 부분은 기억의 형성과 연관이 깊은 해마(Hippocampus) 조직의 한 부분이라고 말한다.

이 결과로 더 많은 뇌세포들이 혈액이 공급하는 영양분을 흡수한다. 영양분을 원활하게 흡수해야 뇌세포들이 죽지 않고 움직이고, 자신의 기능을 다할 수 있다. 이런 점에서 상상도 할 수 없을 만큼 많은 뇌세포들에게 가능한 많은 영양분을 공급한다는 것은 뇌를 잘 활용한다는 의미와 같은 것이다.

운동이 두뇌에 좋은 또 다른 이유는 운동을 하면 뇌의 강력한 성장 요인 중 하나인 '뇌유래 신경영양인자(Brain Derived Neurotrophic Factor)'가 자극되기 때문이다. 이 '뇌유래 신경영양인자'는 뉴런의 성장을 촉진하는 역할을 한다.

즉, 운동을 하면 할수록 뇌세포를 많아지게 하는 성장 촉진제가 더 많이 생성된다. 그래서 운동을 하면 머리가 맑아지고, 기억이 더 또렷해지고, 머리가 잘 돌아가는 것이다.

과거에 아리스토텔레스가 학도들과 산책하면서 강의하고 토론했던 것도, 소크라테스가 아테네 거리를 산책하는 것을 좋아했고, 거리에서 주로 토론을 많이 벌인 것도 산책이 우리의 두뇌를 단련한다는 사실과 무관하지 않을 것이라고 생각한다.

평생 동안 매일 산책을 통해 두뇌를 단련시킨 사람이 그렇지 않은 사람보다 훨씬 더 강한 뇌를 가지는 것은 평생 운동을 통해 단련시킨 몸을 가진 사람과 평생 운동을 하지 않은 사람의 신체 능력의 차이만큼 크다.

그렇기 때문에 우리는 걸으면서 전화하고, 걸으면서 토론하고, 걸으면서 대화하고, 걸으면서 공부하고, 걸으면서 생각하는 습관을 가져야 한다. 그것이 뇌를 단련시키기 위해 반드시 필요한 생활 습관이기 때문이다.

산책을 비롯한 운동을 하면 뇌가 좋아진다. 그런데 뇌가 건강해지고 활력을 되찾으면 우리의 건강과 삶 역시도 향상된다는 사실을 잊어서는 안 된다.

이처럼 운동이 뇌에 끼치는 영향에 대해서 가장 자세히, 그리고 잘 설명해 놓은 책이 있다. 바로 〈두뇌사용설명서(A User's Guide to the Brain)〉라는 책으로 유명한 하버드 의대 임상정신과 교수인 존 레이티가 쓴 〈운동화 신은 뇌(Spark your Brain)〉라는 책이다.

이 책에 보면 레이티는 운동을 하기만 하면, 죽어가는 뇌도 되살아난다고 단언한다. 그리고 운동을 하면, 세로토닌, 노르에피네프린, 도파민의 분비가 늘어나고, 이러한 신경전달물질들은 사고와 감정에 중요한 역할을 하기 때문에 성적 향상의 비결이 바로 0교시 체육 수업이 될 것이라고 말한다. 또한 그는 운동을 하면 뇌가 변한다고 명확하게 주장한다. 운동을 하면 심혈관계가 튼튼해지고, 비만이 줄어들고, 뼈가 튼튼해지고, 노화의 과정이 늦춰지는 등 많은 유익이 있다는 것이다.

이 책에서 강조하는 내용을 요약해 보면 이렇다.

첫 번째로 운동을 하면, 만성 스트레스로 생기는 과잉 코르티솔 분비로 인해 뇌기능이 손상되는 현상을 억제해 줌으로써 우울증과 치매를 예방한다.

두 번째로 운동을 하면, 흥분성 신경전달물질인 글루탐산염이 적정수치를 벗어나 세포를 파괴하는 것을 미연에 방지해 주어 뉴런을 보호한다.

세 번째로 운동을 하면, 신경전달물질과 신경영양인자, 뉴런들 사이의 연결이 모두 늘어나 우울증이나 불안으로 오그라든 해마의 상태가 좋아지고, 항상 즐거운 기분을 유지하고, 우울증 증세가 호전된다.

네 번째로는 운동을 하면,뇌세포 간의 연결이 강화되고 시냅스를 더 많이 생성해서 연결망이 확장되며, 해마에서 생성된 새로운 줄기세포들이 분열하고 성장해서 제대로 역할을 하는 데 도움을 준다.

이처럼 뇌와 관련된 운동의 여러 가지 유익을 이 책은 설명한다. 이러한 설명이 아니더라도 이미 운동이 뇌를 건강하게 하고, 산소 공급을 원활하게 하고, 뇌의 혈류량을 증가시켜, 뇌세포의 증식과 활동에 큰 영향을 준다는 사실은 상식일 것이다.

결론은 운동을 하면 뇌가 커지고, 튼튼해지고, 좋아진다. 그리고 기분도 좋아지고, 바른 자세와 바른 마음가짐도 가질 수 있다. 그렇게 좋아진 뇌는 다시 우리의 삶과 몸과 마음을 건강하게 하고 행복한 삶을 살아가도록 이끌어 준다.

장수는 뇌 호르몬 분비에 달렸다

장수하는 사람들과 그렇지 못한 사람들의 가장 큰 차이는 전자는 세상 사는 것에 재미나 흥미를 여전히 가지는 반면에 후자는 세상사에 대해 그 어떤 흥미나 재미없이 힘겹고 수동적인 삶을 살아가는 경향이 크다는 것이다.

건강하고 오래 사는 사람들은 보통 능동적이고 의욕적이고 활기차며 즐겁게 재미있게 삶을 살아간다. 하지만 그렇지 못한 사람들은 수동적이고 무미건조하고 감동이나 열정이 없는 삶을 살아간다.

그 차이를 만드는 것은 과연 무엇일까?

본질적인 차원에서 살펴보면, 그것은 바로 뇌 호르몬 분비, 즉 뇌의 활성화에서 비롯되는 것이라고 할 수 있다.

〈사회적 지위가 건강과 수명을 결정한다〉라는 마이클 마멋의 책을 보면, 매우 흥미롭고 충격적인 내용을 알 수 있다. 세계적으로 저명한 역학자인 마이클 마멋은 전 세계에서 수집한 증거와 자료를 통해 건강과 행복, 장수를 결정하는 것이 사회적 지위라는 사실을 발견했다.

즉, 사회적 지위가 높은 사람이 그렇지 못한 사람에 비해 훨씬 더 건강하고 오래 살고 행복하다는 것이다. 그래서 학사 학위를 가진 사람보다 석사 학위를 가진 사람이 더 오래 살고 더 건강하고, 대학을 나오지 않은 사람보다 나온 사람이 더 오래 살고 건강하다고 말한다. 또, 자신보다 약간 더 나은 직업을 가진 친구가 당신보다 더 오래 살고 건강할 것이라고 말한다. 심지어 직함, 소득, 집이나 아파트 크기처럼 사소해 보이는 것들이 당신의 건강에 심각한 영향을 미칠 수 있다고 그는 주장한다.

결론적으로 이 책의 저자는 삶을 자신이 얼마나 지배할 수 있는가 하는 자율성과 사회에 얼마나 참여할 기회를 가지고 있느냐 하는 참여 정도에 따라 건강과 행복, 장수가 결정된다고 말한다.

필자는 이 책을 보면서 이 책의 저자가 주장하는 내용에 뇌과학적인 측면을 보태 조금 더 확장된 견해를 가지게 되었다. 그것은 사회적으로 지위가 높아서 자율성이 많이 보장된 사람들, 그리고 사회 참여 기회가 많은 높은 지위의 사람들일수록 세상과 자신의 일에 누구보다 더 흥미와 관심을 가지고 살아가는 사람들이라는 점이었다. 그들은 자연스럽게 뇌가 항상 깨어 있고, 활발한 활동을 하고, 그 결과 뇌 호르몬 역시 활발하게 분비되는 상태를 유지한다. 그렇게 뇌가 활발하게 활동함으로써 뇌는 더욱 건강해지고 단련되고, 그 결과 건강과 행복과 수명에 플러스적인 영향을 끼칠 수밖에 없게 되는 것이다. 이것이 필자의 생각이다.

실제로 어떤 연구에서 노인들에게 자율권을 많이 주었을 때와 그렇지 않을 때의 건강과 수명의 관계를 조사했는데, 그 결과가 매우 충격적이었다.

아주 사소한 것들이지만, 어떤 영화를 볼 것인지 스스로 결정하고, 화분을 손수 키우고, 청소를 자유롭게 하고, 자신이 거주하는 방의 인테리어와 가구 위치 등을 자유롭게 선택하도록 한 노인군이 영화나 청소나 화분이나 가구 위치 등을 도우미들이 다 결정해서 노인들에게 제공한 수동적이고 자율권이 제한적이었던 노인군보다 훨씬 더 건강하고 오래 살았다는 것이다.

이러한 연구 결과를 뇌과학적인 측면에서 분석해 본다면, 사소한 것들이지만 스스로 참여하고 자율적으로 선택하게 함으로써 뇌는 흥미와 관심을 가지고, 뇌가 활발하게 활동하는 데 도움이 되기 때문에 뇌가 단련되고, 뇌 호르몬도 원활하게 분비되는 것이다. 그래서 그 결과로 건강이 좋아지는 것이라고 할 수 있다.

반면에 영화를 보더라도 누군가가 항상 정해 주는 것을 수동적으로 보고, 화분을 누군가가 대신 키워주고, 청소나 가구 배치도 누군가가 다 정해서 해주는 환경이라면 뇌는 그 어떤 활동도 활발하게 할 수 없게 된다. 한마디로 뇌는 휴업 상태가 되어 버리는 것이다. 뇌와 근육 모두 사용하면 할수록 강해지고 단련되는 특성이 있는데, 이렇게 갈수록 사용하지 않으면 결국 뇌 호르몬도 잘 분비되지 않고, 건강하지 못한 뇌가 되어 버리는 것이다.

뇌 호르몬이 잘 분비되게 하기 위해서는 지루하게 살아서는 안 된다. 일상 속의 작은 일에서도 자주 감탄하고 감동을 느끼는 습관을 들여야 한다. 아름다운 음악을 자주 듣고, 훌륭하고 멋진 예술 작품이나 경치를 자주 감상하면서 '우와, 멋지군!' 하면서 감탄사를 연발하라. 그것이 뇌 호르몬 분비를 자극하는 촉진제가 될 것이다.

결론은 건강하고 오래 살고자 한다면 뇌를 잘 사용해야 한다. 뇌를 단련하여 뇌 호르몬이 잘 분비되도록 해야 한다. 그렇게 하는 방법은 세상일에 관심과 흥미를 가지고 많은 것들을 자율권을 가지고 스스로 선택하고 여러 가지 일에 참여하며 능동적으로 살아가는 습관을 가지는 것이다.

자주 쓰면 자라나고 쓰지 않으면 퇴화한다는 점에서 뇌도 근육과 다를 바 없다. 하지만 운동을 통해 근육이 발달하는 것보다 더 신비롭고 놀라운 일들이 뇌 속에서는 일어난다. 한마디로 창조의 영역에서다.

운동을 하면 뇌세포에서 뻗어 나오는 가지들이 자라서 새로운 꽃봉오리가 생겨나 뇌의 기능이 기초부터 확고하게 강화된다. 다시 말해, 운동을 하면 뇌가 뇌 속에서 스스로 재창조를 시작한다.

이러한 사실을 〈운동화 신은 뇌〉의 저자인 존 레이티와 에릭 헤이거먼은 다음과 같이 설명한다.

"운동을 하면 세로토닌, 노르에피네프린, 도파민의 분비가 늘어난다. 이 신경 전달물질들은 사고와 감정에 중요한 역할을 한다. 세로토닌이 부족하면 우울증에 걸린다는 정도는 잘 알려져 있다. 하지만 그 이상은 정신과 전문의들조차 모르는 경우가 많다. 심한 스트레스는 십억 개에 달하는 신경세포 사이의 연결을 부식시키고, 만성 스트레스는 뇌의 일부분을 오그라들게 한다는 사실은 모르고 있는 것이다. 그러므로 운동을 하면 신경화학물질과 여러 가지 성장인자들이 분비되어 뇌의 파괴 과정을 거꾸로 돌리고 뇌의 회로를 물리적으로 강화한다는 사실 또한 모르는 것이 당연하다."

: 존 레이티, 에릭 헤이거먼, <운동화 신은 뇌>, 서문 중

뇌내 모르핀이 무병장수를 가져다준다

뇌내 모르핀은 무병장수를 가져다준다. 즉 뇌에서 분비되는 호르몬이 우리에게 장수를 가져다주는 것이다. 이러한 사실에 대해 주창하는 〈뇌내혁명〉의 저자인 하루야마 시게오는 뇌내 모르핀에 대해 다음과 같이 설명한다.

> "동양의학에서 널리 사용하고 있는 침술이 뇌에서 마약 모르핀과 비슷한 형태의 호르몬을 분비하게 만드는 의술의 하나라는 사실이 현대 과학에 의해 밝혀진 것이 좋은 사례이다. (뇌에서 분비하는 이 호르몬이야말로 이 책의 주제라 할 수 있는데, 나는 이 호르몬을 '뇌내 모르핀'이라 명명하겠다.)
> 뿐만 아니라 분자생리학 분야에서는 기공(氣功)이나 명상(冥想)과 같은 동양 고유의 건강법이 호르몬 분비를 원활하게 만들기 위한 효과적인 방법이라는 사실을 증명하여 현대의학의 새로운 지평을 열었다."
>
> : 하루야마 시게오, 〈뇌내혁명〉, 머리말 중

이처럼 인간의 건강에 가장 중요한 역할을 하는 물질은 뇌에서 분비하는 호르몬이라고 하루야마 시게오 박사는 말한다. 그가 뇌내 모르핀이라고 명칭을 붙인 이유는 물질의 구조식이 마약 모르핀과 매우 흡사하기 때문이다. 하지만 마약 모르핀이 독성을 가진 반면, 뇌내 모르핀은 독성이 없고, 효력은 마약 모르핀보다 훨씬 강하다.

그렇다면 어떻게 해야 뇌내 모르핀이 더 잘 분비될 수 있을까? 무엇보다 일상생활을 하면서도 쉽게 뇌내 모르핀이 잘 분비되게 하는 방법은 무엇일까?

필자가 여러 책들을 섭렵해 본 결과 결론을 말하자면 '마음을 밝고 넓고 유쾌하게 하는 것'이다. 이것을 다른 말로 '명상'이라 해도 된다. 하지만 명상보다는 좀 더 넓은 의미이다.

명상은 일상생활 중엔 할 수 없다는 단점이 있다. 30분이든 20분이든 시간을 내야 하고, 조용한 장소에 가만히 앉아서 타인이나 다른 물건의 방해를 받지 않아야 할 수 있다. 하지만 '마음을 밝고 넓고 유쾌하게 하는 것'은 일상생활 중 수시로 자신의 마음을 점검하고, 좋고 긍정적인 생각을 하고, 큰 생각을 함으로써 가능하다.

인간에게 가장 큰 해악은 화를 낼 때나 스트레스를 받을 때 생긴다. 화를 내거나 스트레스를 받으면 뇌가 가장 민감하게 반응하면서 뇌 속에서 혈압 상승제 역할을 하는 노르아드레날린(Noradrenalin)이라는 강력한 신경전달물질이 분비된다. 이 호르몬은 몸을 죽이는 매우 독한 독성을 지니는데, 그 정도가 자연계에 있는 뱀의 독 다음으로 강하다고 저자는 얘기한다.

다시 말해, 노화를 촉진하여 빨리 죽고 싶은 사람이 있다면 이 호르몬을 자주 분비시키면 된다. 그런데 이 호르몬을 자주 분비시키는 가장 좋은 방법은 운동을 하지 않고 가만히 있는 것이 아니다. 가장 좋은 방법은 화를 자주 내고 스트레스를 많이 자주 받는 것이다.

그런데 마음이 좁고 어둡고 혼란스럽고 자책감이 심한 사람일수록 이 호르몬이 자주 분비된다. 그래서 빨리 늙고 빨리 죽고 싶다면 자주 화를 내고, 아무 일도 아닌 것에 스트레스를 받고, 자주 삶의 어두운 부분에 집중하면 된다.

마음이 밝지 못하고 넓지 못하면 자주 타인을 미워하고 증오심을 가지고 분노를 마음속에 안고 살게 되는데 그러면 몸에 해로운 물질이 끊임없이 분비된다.

마음을 밝고 넓고 유쾌하게 가져야 하는 이유가 바로 이것이다. 이러한 사실을 〈뇌내혁명〉에서는 이렇게 설명한다.

"따라서 화를 자주 내거나 스트레스를 많이 받으면 그로 인해 발생되는 노르아드레날린의 독성으로 인해 병에 걸리거나 노화가 촉진되어 그만큼 빨리 죽게 된다. 반대로 늘 미소를 띤 얼굴로 사물을 바라보며 긍정적인 쪽으로 생각한다면 뇌 안에서는 뇌세포를 활성화시키고 육체를 이롭게 만드는 유익한 호르몬이 분비된다.

이들 호르몬은 인체를 젊게 만들 뿐 아니라 암세포를 파괴하고 인간의 마음을 즐겁게 한다. 따라서 인생을 즐겁고 건강하게 그리고 암이나 성인병에도 걸리지 않고 장수하기를 바란다면 뇌에서 좋은 호르몬을 많이 분비하는 삶의 내용을 꾸려 나가야 할 것이다."

: 같은 책, 32쪽

인간이 질병에 걸리는 주된 이유가 바로 이 노르아드레날린이라는 호르몬 때문이라고 할 수 있을 정도로 이 호르몬은 우리 인간의 건강과 삶의 질에 지대한 영향을 미친다.

이와 반대의 성격이 베타 엔돌핀이라는 호르몬이다. 이 호르몬은 우리가 긍정적이고 희망적이고 밝고 넓고 고요한 생각을 하면 분비되는 호르몬이다.

다시 말해 어떤 일을 만나고 어떤 사람을 만나도 마음가짐 하나에 따라 뇌는 전혀 다른 물질을 분비해 낼 수 있다. 그리고 뇌에서 분비되는 물질에 따라 우리 몸은 좋아지기도 하고 나빠지기도 한다.

결론적으로 우리를 무병장수로 이끄는 것은 뇌에서 분비되는 좋은 호르몬인 뇌내 모르핀이며, 이것을 자주 분비하기 위해서는 우리의 마음가짐을 잘 다스려야 할 필요가 있다. 마음을 밝게 넓게 고요하게 유지한다는 것은 결국 마음을 텅 비운다는 것이고, 평상심을 유지한다는 것이다. 이렇게 하기 위해서는 어떤 일에 대해 죄책감이나 부담을 지나치게 많이 느껴서는 안 된다.

가령 담배를 피우는 사람이 담배를 피우면서 부정적인 생각, 어두운 생각을 하면서 걱정하고 체념하면서 피우는 것보다는 즐기면서 밝고 넓게 생각하며 자기 자신에게 주는 보상이라고 생각하며 즐거운 마음으로 피우는 쪽이 마음을 텅 비우고 평상심을 유지하는 길인 것이다.

그렇게 할 때 담배 하나에도 마음이 죄책감을 느끼며 흔들리지 않고, 담배를 피우더라도 뇌내 모르핀이 분비될 수 있다.

마음을 넓고 밝고 고요하게 한다는 것은 매사를 긍정적으로, 희망적으로 사고하고 바라보게 하기 때문에 똑같은 일을 하거나 만나더라도 스트레스가 쌓이지 않고 타인을 미워하거나 분노나 원한을 가지고 살지도 않게 된다. 그 결과 그 사람은 항상 몸에 좋은 뇌 호르몬이 분비되면서 살아가게 된다.

실제로 인간은 자신이 좋아하는 일을 할 때, 좋아하는 음식을 먹을 때, 사랑하는 사람과 있을 때, 무엇인가에 몰두할 때, 타인을 위해 봉사할 때, 타인을 위해 돈을 사용할 때 같은 일상생활을 통해서 뇌내 모르핀을 분비한다. 그렇기 때문에 결론적으로 이기적으로 살지 않으면서 즐겁고 재미있게 살아 나가는 사람이 이기적인 사람보다 훨씬 더 건강하고 장수한다.

한마디로 좋고 밝게 생각하면서 올바르게 정정당당하게 의욕적으로 살아가려는 사람들에게 주어진 선물이 바로 뇌내 모르핀인 것이다.

'인생을 유쾌하게, 즐겁게, 타인과 함께 살아갈 때 우리는 건강하게 살아갈 수 있다.'

건강과 행복은 뇌에 달려 있다

인생을 살다 보면 부침이 있기 마련이다. 하지만 똑같은 상황에서도 어떤 사람은 스트레스를 적게 받고, 부담도 적게 느끼지만 어떤 사람은 과도한 스트레스를 받고, 과도한 부담을 느낀다.

문제는 똑같은 상황에도 남들보다 더 과도하게 스트레스를 받는 사람이다. 이런 사람들은 항상 몸에 해로운 호르몬이 분비되어 결국 건강이 나빠질 수밖에 없다. 화를 잘 내는 사람들이 심장병에 잘 걸리는 이유도 이와 다르지 않다.

낙천적인 사람들은 똑같은 상황에서도 몸에 유익한 호르몬을 분비하여 면역력을 키우고 건강을 지킨다.

결론은 뇌에서 분비되는 몸에 좋은 호르몬인 뇌내 모르핀은 매사를 좋은 방향으로 생각하는 사람에게서 잘 분비된다는 것이다. 그러므로 항상 넓고 밝고 유쾌하게 생각하자. 자기 자신만 아는 좁고 나쁘고 어둡고 짜증스러운 생각을 멀리하자. 그것이 무병장수의 길이다.

일만 하고 뇌를 단련하지 않으면 일찍 죽는다

일을 한다는 것이 나쁜 것은 절대 아니다. 일을 한다는 것은 축복이고 기쁨이고 즐거움일 수도 있다. 하지만 문제가 되는 것은 일만 하고 몸을 혹사하거나 뇌를 단련시키지 않을 때 발생한다.

왜 일만 하고 뇌를 단련하지 않으면 일찍 죽는다고 말하는 것일까? 그것은 일할 때 우리 몸속에서 몸에 해로운 활성 산소가 대량으로 방출되기 때문이다. 결국 일을 많이 하면서도 오래 사는 방법은 뇌를 단련시켜 활성 산소가 대량으로 방출되지 않도록 하는 것이다.

이러한 사실을 하루야마 시게오 박사는 이렇게 표현했다.

"남보다 뛰어난 능력을 키워 큰일을 하려면 거기에 상응하는 에너지가 필요하다. 에너지가 부족하면 큰일을 할 수 없다. 그러나 에너지 출력을 너무 높이면 질병이나 단명이 찾아온다. 이것은 극히 이율배반적이다. 하지만 이것을 극복할 수 있는 굉장한 비법이 있다.

뇌내 모르핀을 제대로 활용하는 것이 바로 그 비법이다. 도파민을 많이 분비하면 에너지가 소멸되어 녹초가 된다. 하지만 이럴 때 뇌내 모르핀을 분비시키면, 적은 양의 도파민으로 10~20배나 되는 양의 도파민이 분비된 것과 똑같은 효과를 얻을 수 있다. 뇌내 모르핀은 지렛대의 원리와 비슷한 에너지 증폭 효과를 가지고 있기 때문이다.

아무리 강한 의욕을 가지고 있다 해도 도파민을 과다 분비하면 부작용이 생긴다. 도파민이나 노르아드레날린은 활성 산소를 대량으로 방출시키는 특징이 있다. 반면에 뇌내 모르핀은 몸에 해로운 활성 산소를 방출하지 않기 때문에 소량의 도파민에 뇌내 모르핀을 결합시키면 별다른 부작용 없이 그 효과를 증폭시켜 사용할 수 있는 것이다. 이러한 메커니즘을 최대한 이용하는 것이 이상적인 뇌 활용법이라 할 수 있다."

: 하루야마 시게오, <뇌내혁명>, 36~37p.

일을 건강하게 하고, 적절한 휴식을 취하고, 뇌를 단련하는 사람을 절대 일찍 죽지 않는다. 이런 사람은 오히려 더 건강해져서 장수한다. 그렇다면 어떻게 하는 것이 뇌를 단련시키는 일일까?

가장 좋은 방법은 걷는 것이다. 앞에서 언급했지만 추가로 더 설명하자면 걷는 것은 도파민(Dopamine)이라는 일종의 쾌감 물질인 신경전달물질이 분비되기 쉬운 뇌 속 환경을 조성하는 가장 좋은 방법이다.

일하는 중간중간 가볍게 의자에서 일어나 주위를 걸어 다니면 의욕이 더 생기고, 스트레스가 해소되고, 자신감이 생기고, 부정적인 생각이 사라지고, 긍정적인 생각을 하게 되고, 몸의 컨디션이 회복되고, 분노가 사라지고, 울적했던 마음이 없어진다. 한마디로 자주 걷는 사람은 뇌가 젊어지고, 건강해진다. 그렇기 때문에 일만 하지 말고 중간중간 걸어야 한다.

일한다는 것은 긴장을 한다는 것이고, 그로 인해 활성 산소가 몸속에 많이 형성될 수밖에 없다. 생활전선에서 치르는 일종의 전투와 같은 것이 일이다. 그렇기 때문에 몸속에서 독소가 발생하고, 스트레스가 생긴다.

이러한 것들이 축적되지 않게 하기 위해서는 그것들을 잘 처리해 줄 수 있는 메커니즘을 만들어야 한다. 그런데 그러한 메커니즘에서 가장 중요한 역할을 하는 것이 뇌의 기능이라고 할 수 있다. 그래서 뇌를 단련하여 강하게 할수록 활성 산소 같은 독소들을 잘 처리할 수 있다.

뇌가 강하고 단련된 사람일수록 힘들고 어려운 상황에서도 의연하게 그 상황을 이겨낸다. 군대 등의 조직에 들어갔을 때, 어떤 이들은 그것을 참아내지 못하고 탈영하거나 극단적인 선택을 한다. 이것은 바로 뇌를 단련시키지 않았기 때문이다.

하지만 걷는 것보다 더 좋은 뇌를 단련시키는 방법이 있다. 매사를 긍정적으로 생각하는 것이다. 절대 긍정을 가진 사람은 뇌를 아주 좋은 상태로 만들고, 이는 항상 뇌를 단련시키는 것과 같다. 그래서 긍정적인 사람들이 건강하게 오래 산다.

하루야마 시게오 역시 이렇게 말했다.

"건강과 장수에 도움이 되는 뇌 활용법은 플러스 발상이다. 세계 어디를 가도 오래 사는 사람들은 공통점을 가지고 있다. '끙끙 앓지 않는다'는 것이 바로 그것이다. 이것은 플러스 발상이 생활화되었다는 것을 의미한다. 뇌내 모르핀을 그만큼 많이 분비할 수 있는 것이다. 매사를 긍정적으로 생각해서 뇌내 모르핀을 많이 분비시킨다면 누구나 건강하게 오래 살 수 있을 것이다.

뇌내 모르핀을 분비하는 기준은 바로 α파인데, 뇌파를 α파 상태로 만들려면 항상 기분을 편안하고 즐거운 상태로 유지하기 위해 노력해야 한다."

: 같은 책, 240p.

몸을 단련시킨다는 것이 운동을 통해 항상 몸이 최상의 컨디션을 유지하게 하는 것이듯, 뇌를 단련시킨다는 것은 뇌의 컨디션을 항상 최상으로 만드는 것이다. 뇌의 컨디션을 최상으로 만드는 방법 중의 하나가 매사를 긍정적으로 바라보고 긍정하며 살아가는 것이다.

나이팅게일이나 슈바이처가 평생 다른 사람을 위해 헌신하면서 일만 했음에도 90세까지 장수를 누린 이유도 항상 긍정하며 자기보다 타인을 먼저 생각함으로써 뇌내 모르핀을 그만큼 많이 분비시켰기 때문이다. 똑같은 일을 해도, 어떤 사람들은 자신의 성공이나 욕심만을 위해서, 다른 사람을 해치고 불법을 저지르면서까지 일을 한다. 이런 사람들은 스스로 몸속에서 해로운 호르몬을 분비하여 수명을 단축하고 건강을 해치는 사람인 것이다. 똑같이 일하지만 손해와 이익에만 집중하는 이런 사람들은 논리와 계산 중심의 좌뇌 중심형 사람들이다. 인간의 우뇌와 좌뇌를 비교하면 뇌내 모르핀의 분비는 우뇌와 직접적으로 관련이 있다. 나이팅게일이나 슈바이처는 절대 자기 자신의 손해와 이익에 연연하지 않았다. 오히려 감성 중심의 우뇌형 인간이었고, 우뇌형 인생을 살았다.

그런 점에서 뇌를 단련시킨다는 것은 오랫동안 인류의 중심적 기능을 해왔던 좌뇌 중심의 생활에서 감성을 이끄는 우뇌 중심의 생활로 전환한다는 것을 의미한다. 일만 하고 뇌를 단련시키지 않는 사람들은 치명적으로 조금만 더, 조금만 더 성공하고자 하는 욕망에서 벗어나지 못하는 사람들이다. 이러한 욕망에 사로잡히면 뇌에서는 끊임없이 투쟁 호르몬이 분비된다.

아드레날린계에 속하는 이 투쟁 호르몬은 우리가 끊임없이 욕망을 채우고, 상대방과의 경쟁에서 이기고, 남들보다 더 많은 부를 획득하기 위해 자신을 채찍질하게 만들고, 늘 긴장하게 만든다. 그래서 자신이 어느 정도 성공했음에도 그것에 감사하는 마음보다는 자신보다 더 성공한 사람들과 끊임없이 자신을 비교함으로써 불쾌한 감정을 자주 가지게 한다. 그리고 이러한 상태가 지속되면 결국 독성 호르몬에 의해 몸과 마음은 지쳐 가고 피폐해져 간다.

현대인들에게 명상과 운동, 휴식을 강조하는 이유는 명상이나 운동, 휴식을 할 때 아드레날린계에 속한 독성 투쟁 호르몬의 분비가 멈춰질 수 있기 때문이다.

　당연히 끊임없이 일하는 사람은 결국 과로로 건강을 해칠 것이다. 하지만 일을 끊임없이 하더라도 자신의 욕망을 위해서 하지 않고, 마음을 비우고 타인을 위해서 하는 사람들에게는 놀랍게도 이러한 독성 호르몬이 분비되지 않는다. 그들은 뇌를 잘 단련시킨 사람들이라고 할 수 있다.

공부하는 사람은 우뇌 때문에 오래 산다

예로부터 공부하는 사람들이 장수한다는 말이 있다. 실제로 조사도 하고 여러 가지 문헌들을 살펴보면 이 말이 허투루 하는 말이 아닌 정확한 사실이라는 것을 알 수 있다.

그렇다면 왜 공부하는 사람들이 오래 사는 것일까?

그것은 뇌를 골고루 활용하고, 계속해서 뇌에 흥미로운 과제를 부과해 뇌가 지속적으로 단련되고 건강해지기 때문이다.

새로운 것을 배운다는 것은 뇌의 입장에서는 새로운 경험을 한다는 것이다. 새로운 경험을 하면 뇌는 더욱더 활성화되고 활발하게 움직이고 그로 인해 건강해진다.

〈뇌내혁명〉의 저자인 하루야마 시게오는 인생을 즐겁고 건강하게 살기 위해서는 뇌가 좋은 호르몬을 많이 분비하도록 삶을 이끌고 나가야 한다고 다음과 같이 말했다.

"인생을 즐겁고 건강하게 살면서 암이나 성인병에도 걸리지 않고 장수하기를 바란다면, 뇌에서 좋은 호르몬을 많이 분비하도록 삶의 내용을 꾸려 나가야 할 것이다."

건강과 행복은 뇌에 달려 있다

그렇다면 뇌에서 좋은 호르몬이 많이 분비되도록 삶의 내용을 꾸리는 가장 좋은 방법은 무엇일까?

필자가 추천하는 것이 바로 공부이다. 그리고 그 공부 중에서도 인문계 공부이다. 필자가 쓴 〈40대 다시 한 번 공부에 미쳐라〉라는 책은 왜 40대 때 공부해야 하는가에 대한 이유를 밝힌 책이다. 그 책을 보면 공부를 통해 장수한 사람들의 이야기가 나온다. 그중 하나가 치매에 걸리지 않고 장수한 사람들에 대한 이야기이다.

치매에 걸리지 않고 장수하는 사람들에겐 한 가지 공통점이 있다. 그 공통점은 바로 언제나 바쁘게 움직이고, 끊임없이 머리를 사용하여 공부하는 습관을 가졌다는 점이다.

실제로 공부를 지속적으로 하는 사람일수록 치매로 인한 치명적인 피해를 줄일 수 있으며, 치매에도 더 적게 걸린다는 사실을 확신시켜주는 연구 결과들이 나왔다. 그중에서도 매우 놀라운 연구 결과 중 하나는 101세로 세상을 떠난 메리 수녀의 연구 결과이다.

그녀는 101세로 세상을 떠날 때까지 정상적인 인지능력을 유지했지만, 부검 결과 그녀의 뇌는 놀랍게도 알츠하이머병에 걸려 심각한 손상을 입은 채였고, 그렇게 오랜 시간 살았다는 사실이 밝혀졌다.

이 결과에 대해 알츠하이머 전문가들은 비록 알츠하이머에 걸리더라도 지속적으로 부지런히 머리를 사용하는 활동, 즉 공부 같은 지적 활동을 꾸준히 하면, 정상적인 인지 기능을 평생 유지하는 것이 가능함을 입증하는 사례라고 말했다.

다시 말해 중년이 되었다고 공부를 전혀 하지 않으면, 더 쉽게 치매에 걸리고, 그 증상도 심해지지만, 중년이 되고 노년이 되어서도, 심지어 알츠하이머병에 걸려서도, 공부를 포기하지 않으면 알츠하이머병에 걸렸어도 영향을 받지 않을 수 있다는 것이다.

그렇다면 공부를 한 사람들은 정말 오래 살았을까?

가장 유명한 학자이고 공부의 기쁨에 대해 노래한 공자는 과연 몇 살까지 살았을까? 지금보다도 훨씬 더 오래전의 과거이므로, 그 당시 사람들의 평균 수명은 아마 지금의 반 정도나 되었을 것이다. 하지만 공자는 72세까지 살았다. 유학을 집대성하였고, 주자학을 창시한 주자 역시 70세까지 살았다.

조선의 명재상이었던 황희 정승은 90세 가까이 살았다. 동방의 주자로 불리는 퇴계 이황도 70세 가까이 살았고, 다산 정약용도 물론 70세 이상을 살았다. 학문의 금기를 깬 여성 성리학자 임윤지당도 70세 이상 살았다. 19세기를 대표하는 학자인 최한기 역시 70세 이상 살았다. 한국사에서 19세기 최고의 인물 중 한 명으로 꼽히는 추사 김정희도 70세 이상 살았다. 이 땅의 수많은 어린이들을 천연두의 위협에서 구해낸 지석영은 80세 이상 살았다. 〈열하일기〉, 〈연암집〉, 〈허생전〉 등을 쓴 조선후기 실학자 겸 소설가인 박지원 역시 70세 가까이 살았다.

재미있는 주장은 이공계 공부보다 인문계 공부를 하는 사람들이 뇌 내 모르핀이 먼저 분비되는 쪽인 우뇌를 더 많이 사용하여 이공계 공부를 하는 사람들보다 조금 더 오래 산다는 것이다.

이공계는 논리적이고 계산을 위주로 하는 좌뇌를 많이 사용한다. 하지만 인문계는 우뇌를 많이 사용한다. 그리고 우리가 보통 공부하는 사람이 장수한다고 할 때 그 공부는 독서나 역사나 철학 같은 인문계 공부를 지칭한다.

인간의 평균 수명이 80세이고, 오래 사는 사람은 100세 이상 살지만, 만약 자신에게 주어진 수명을 다 살지 못하고 일찍 죽는다면 이는 뇌를 잘못 사용했기 때문이라고 할 수 있다. 뇌를 잘못 사용했다는 것은 우뇌와 좌뇌 중 한쪽 뇌만을 지나치게 사용했다는 뜻이다.

〈뇌내혁명〉의 저자 하루야마 시게오는 장수하는 사람은 모두 스트레스를 받지 않는 방식으로 생활한 사람들인데, 스트레스를 받지 않는 생활이란 남보다 물질적으로 더 많은 혜택을 받거나 은둔 생활을 하는 특별한 삶이 아니라, 우뇌 중심의 삶이라고 말한다.

"장수하는 사람을 보면, 공통적으로 스트레스를 적게 받는 우뇌 중심으로 살고 있다. 같은 시대에 살고 있는 사람들은 누구나 비슷한 사회 환경과 조건을 가지고 있다. 생활 방법이나 사회에서 걸어가야 할 운명까지도 그리 크게 다르지 않다. 그런데 비슷한 생활 조건 속에서 누구는 오래 살고 누구는 일찍 죽는데 그 이유는 무엇일까? 그 차이는 바로 우뇌 중심으로 사는가, 좌뇌 중심으로

사는가에서 생긴다고 해도 과언이 아니다."

: 하루야마 시게오, <뇌내혁명 2>, 78p.

인류는 논리적이고 분석적이고 따지기 좋아하고 계산적인 좌뇌 중심으로 살면서 비약적인 발전을 해 물질적으로 풍요로워졌지만, 반대로 행복하다고는 할 수 없다. 한국만 해도 경제적으로 성장했지만 자살률은 OECD 국가 가운데 1등이다.

좌뇌 중심의 삶은 경쟁하는 삶이고, 자기의 것과 남의 것을 따지고, 누가 옳은지 시시비비를 가리는 냉정함을 지니기에, 좌뇌 중심의 삶을 살면 투쟁적인 좌뇌 계통의 호르몬을 많이 사용할 수밖에 없다.

인간은 우뇌와 좌뇌를 균형적으로 사용할 때 가장 이상적인 존재가 될 수 있고, 가장 건강하고 행복한 삶을 살아낼 수 있다. 지금은 모든 교육과 환경이 좌뇌 중심으로 치우쳐 있기 때문에 균형을 맞추기 위해서는 의도적으로 우뇌를 사용하는 생활 습관을 가져야 한다.

의도적으로 노력하지 않고 그냥 살아갈 때 현대인들은 좌뇌 중심으로 살 수밖에 없다. 그래서 균형을 맞추기 위해서는 우뇌 중심으로 살아야 하는 것이다.

우뇌 중심의 삶은 자유롭고 감성과 직관을 중시하는 삶을 사는 것을 말한다. 자율적으로 살면서 자신의 직관에 따라 자신이 하고 싶은 것을 하면서 사는 사람들이 건강한 것은 바로 이 때문이다.

공부를 해도 계산과 분석 중심의 이공계 공부보다는 감성과 직관을 깨우고 자율과 예술을 다루는 인문계 공부를 하는 것이 우뇌 중심의 공부라고 할 수 있다. 시, 소설, 희곡을 비롯한 문학 작품, 철학, 역사, 예술이 인문학의 주류이며, 이것들은 모두 인간의 감성, 삶, 직관과 관련이 있다.

4장

행복해지고 싶다면
뇌를 자극하라

"인간은 뇌를 통해서만 기쁨과 즐거움, 웃음과 활력, 슬픔, 비애, 비탄 등을 느낄 수 있다는 것을 알아야 한다. 그리고 뇌에 의해서 우리는 특별한 방법으로 지혜와 지식을 획득하고, 보고 듣고, 부정한 것과 정당한 것, 나쁜 것과 좋은 것, 맛있는 것과 맛없는 것을 구별한다. 또한 뇌에 의해서 우리는 미치고 광란에 빠지게 되고, 공포와 두려움에 괴로워한다. 우리가 건강하지 않을 때 이러한 모든 것들을 뇌로부터 당하게 된다. 이러한 방식으로 뇌는 인간에게 가장 막강한 힘을 발휘한다는 것이 내 견해이다."

_ 히포크라테스, <신성한 질병에 대하여(On the Sacred Disease)>

습관을 바꾸면 뇌가 자극받는다

"정상에 오르고 싶은 사업가는 습관의 힘이 지닌 위대한 가치를 알아야 한다. 그리고 습관을 창조하는 것이 훈련이라는 사실을 이해해야 한다. 습관이 당신의 미래를 깨뜨리기 전에 그 습관을 먼저 깨 버려야 한다. 그리고 성공을 쟁취하는 데 도움이 될 습관을 길러야 한다. 그러기 위해서는 훈련이 필요하다는 것을 알게 될 것이다."

J. 폴 게티의 이 말처럼 습관은 엄청난 힘을 가지고 있다.

습관이 바뀌면 우리의 인생이 바뀌고 미래가 바뀐다는 사실에 대해 대부분의 사람들이 인식하는 듯하다. 하지만 습관이 바뀌면 왜 인생이 바뀌고 미래가 바뀌는 것인지를 정확하게 이해하는 사람은 많지 않다.

성공하고 싶은 사업가나 행복해지고 싶은 가정주부가 있다면 무엇보다 습관을 바꾸어야 한다고 말해 주고 싶다. 하지만 습관을 바꾸면 왜 성공할 수 있고, 행복해질 수 있는 것일까? 그것은 바로 습관을 바꾸면 우리의 뇌가 가장 먼저 자극을 받기 때문이다.

다시 말해 좋은 습관을 창조하면 우리의 뇌를 활력 있고 흥분하게 만들 수 있다. 뇌가 흥분하고 활력을 느끼면, 뇌는 젊어지고 그로 인해 젊어진 뇌는 그전보다 훨씬 더 이 세상과 사람과 일에 대해 신선함과 상쾌함을 느낀다.

100세가 넘은 노인들이 작은 일에 쉽게 감동하는 것이 매우 어려운 이유는 뇌가 너무 늙어 버렸기 때문이다. 반면에 100세가 넘어도 작은 일에 쉽게 감동하는 사람이 있다면 그 사람의 뇌는 매우 젊은 상태를 유지하고 있다고 볼 수 있다.

즉, 아무 이유도 없이 행복할 수 있는 사람이 있다면 그 사람에겐 행복마저도 습관이 된 것이라고 할 수 있다. 반대로 우울이나 불행, 부정적인 사고 등도 모두 습관과 연결되어 있다.

〈행복한 사람의 DNA는 어떻게 다른가?〉라는 책을 보면 뇌가 행복을 직접적으로 통제한다는 놀라운 사실을 알게 된다.

"뇌는 행복을 직접적으로 통제한다. 행복감은 수백만 년에 걸친 진화과정에서 형성된 신경회로의 작용 결과다. 긍정적인 감정과 부정적인 감정은 모두 현재 처한 상황, 위협, 그리고 환경에 반응하는 신경회로가 만들어 낸 결과물이다. 만족을 느끼는 뇌 영역과 욕망을 느끼는 뇌 영역이 별개로 작동한다는 사실은 시사하는 바가 크다. 욕망과 만족의 뇌회로가 다르다는 것은 행복의 실체를 규명하는 매우 중요한 실마리이다. 우리는 흔히 욕망의 충족에서 행복(만족)을 추구하려 하지만, 놀랍게도 욕망과 만족은 서로 별개임을 인식해야 한다."

: 대니얼 네틀, 〈행복한 사람의 DNA는 어떻게 다른가?〉, 7~8p.

이 책을 통해 대니얼 네틀이 우리들에게 말하고자 하는 한 가지 사실은 행복은 세상 그 자체에서 오는 것이 아니라 우리들이 세상을 대하는 방식을 통해서 온다는 사실이다.

그렇기 때문에 누구는 힘들고 나쁜 일을 당해도 늘 행복하고 활기차고 낙천적이다. 하지만 누구는 아무리 좋은 일이 있어도 근심과 고뇌로 가득 찬 인생을 살아간다. 그리고 그러한 차이가 발생하는 것은 결국 뇌가 전혀 다른 자극을 받고, 다르게 반응하기 때문이다.

이러한 인식과 반응이 쌓이면 결국 반복을 통한 하나의 습관이 형성된다. 그러면 결국 그 습관이 지향하는 대로 더 큰 자극을 받게 되고, 그렇게 형성된 습관의 노예가 된다.

그래서 습관을 바꾸면 뇌가 새로운 자극을 받고, 그로 인해 우리의 행동과 반응의 패턴이 달라지는 것이다. 평소 우울했던 사람이 새롭고 낯선 장소에 가거나 낯선 사람을 만날 때 인생이 바뀌는 경우가 종종 있는데, 그것이 바로 습관을 바꾼 것과 같은 효과, 즉 뇌가 새로운 자극을 받는 데서 오는 효과 때문이다.

이런 측면에서 다양한 내용의 책을 많이 읽는 것도 뇌에 새로운 자극을 준다. 그래서 책을 많이 읽는 사람이 그렇지 못한 사람보다 훨씬 더 행복한 삶을 꾸려 나갈 수 있는 것인지도 모른다.

진정한 의미에서 참된 행복은 외부 환경에 좌우되지 않고 내면에서 우러나오는 행복이어야 한다. 그런 점에서 뇌를 자극하여 행복을 얻는 방법은 스스로 습관을 만들어, 그 습관을 통해 내면에서 행복이 우러나오게 하는 방법이라고 할 수 있다.

〈이유 없이 행복하라〉의 저자인 마시 시모프는 진정으로 행복한 100 인을 인터뷰한 결과 행복한 사람들이 공유하는 습관을 발견했다. 그리고 그는 그 습관을 '행복 습관'이라고 명명했다.

그는 '포브스'가 발표한 미국 최고의 부자 리스트 중 40%는 평균적인 미국인에 비해 덜 행복하다고 말한다. 즉, 돈이나 사회적 성공이 절대적인 행복의 조건이 아니라는 것이다. 그렇기 때문에 행복은 뇌의 변화를 통해 좋은 습관을 토대로 하여 일상에서 느끼는 행복이어야 한다고 말한다.

〈행복에 걸려 비틀거리다〉의 저자이며 하버드 대학교의 저명한 심리학 교수인 대니얼 길버트도 최근 연구를 통해서 '외부 조건에 의한 행복은 갈수록 우리를 불행하게 만들 수 있다'고 경고한다. 무언가를 획득하고, 좋은 것들을 얻게 됨으로써 우리는 더 행복해질 것이라고 생각하지만 그건 너무 큰 기대라는 것이다.

'멋진 장소로 멋진 사람과 휴가를 떠나면 더 행복할 텐데.'
'승진을 하고 성공을 하면 더 행복할 텐데.'
'큰 부자가 되면 더 행복할 텐데.'

이런 생각들을 하지만 실제로 그렇게 된다 해도 예상했던 것보다 훨씬 불만족스럽다는 것이다. 즉, 마법처럼 우리를 행복하게 해줄 것이라고 믿는 그런 일들이 실제로 우리를 그렇게 행복하게 해주지는 않는다는 것이다.

결론은 행복은 우리의 미래가 아닌 지금 바로 이 장소, 이 순간에 존재한다는 사실이다. 그리고 그 행복을 깨닫고 인식하고 느끼게 하는 것은 바로 우리의 뇌다. 그런데 습관이 잘못 형성되어 그러한 행복을 만끽할 수 없고, 뇌가 행복할 수 없도록 잘못된 자극을 지속해서 준다면 아무리 부자가 되고, 성공을 한다 해도 행복할 수 없다.

이처럼 우리의 행복은 우리의 뇌가 인식하고 느끼는 그 자극에 달려 있다. 자극에 무딜수록 우리는 불행해질 것이다. 반대로 자극에 민감할수록 우리는 행복해질 수 있다.

행복과 자극에는 매우 밀접한 관련이 있다. 습관을 바꾸면 불행하게 살았던 사람이 새롭게 활력을 찾고 행복하고 풍요로운 삶을 살아낼 수 있는 이유가 바로 여기에 있다고 생각한다. 이유 없이 행복할 수 있는 사람은 작고 소소한 일상을 통해서도 큰 자극을 느끼는 뇌를 가진 사람들이다. 그래서 평범한 일상에서도 무한한 감사를 느끼고, 감동을 느끼고, 가슴 설레는 삶을 살아가는 사람들이 바로 행복한 사람들인 것이다.

행복 물질은 뇌 호르몬 세로토닌이다

현대인들은 사소한 일에도 금방 화를 낸다. 그뿐만 아니라 현대병이라고 부를 만큼 증가 추세가 심한 우울증은 자살을 부를 만큼 심각한 병이다. 의욕만 앞서서 앞만 보고 달리고, 일만 하다 건강을 해치는 것도 현대병이라고 할 수 있다.

이렇게 우울증과 화병, 여러 가지 중독에 쉽게 노출되는 가장 큰 원인은 바로 세로토닌 신경이 약화되면서 세로토닌 호르몬이 적게 분비되기 때문이라고 할 수 있다.

세로토닌은 뇌에서 분비되는 신경전달물질로 마음을 차분하게 하고, 숙면을 취하도록 하며, 좋은 기분을 느끼게 할 뿐만 아니라, 폭력성과 충동성을 억제하고, 기억력과 집중력을 높이는 기능도 한다. 그야말로 '뇌 속의 행복물질'이라 해도 과언이 아니다.

〈뇌를 행복하게 하라〉의 저자인 아리타 히데호 박사는 다음과 같이 설명한다.

"요즘, 우리의 뇌는 행복하지가 않다. 왜냐하면 세로토닌 신경이 위험하기 때문이다. 최근 나이 드신 분들 중에 우울증에 걸린 분들이 많아지고 있다. 또 한

창 일할 나이의 사람들 중에 공황상태가 된 사람이 의외로 많다. 젊은 여성 중에서도 섭식장애를 겪고 있는 사람이 드물지 않다. 더 나아가 화내는 아이들이 학교 교육 현장에서 문제가 되고 있다. 키우는 부모 쪽에서도 학대 사건이 빈발하고 있다.

이런 것은 모두 다 세로토닌 신경이 약해지고 있다는 것과 깊이 연관되어 있다. 이러한 일은 20~30년 전에는 생각조차 할 수 없었던 것이다. 어린이부터 어른까지 남녀 불문하고 세로토닌 신경이 약해져 문제를 일으키고 있다. 현대 생활 속에 세로토닌 신경을 약화시키는 요소가 잠재해 있다고 생각할 수밖에 없다."

: 아리타 히데호, <뇌를 행복하게 하라>, 저자의 글 중

이 책의 저자인 아리타 히데호 박사는 행복하지 않은 이유가 세로토닌 신경이 약해졌기 때문이라고 단도직입적으로 피력하고 있다.

한국인의 행복지수는 OECD 국가 중 꼴찌에 가깝다. OECD 34개국을 대상으로 한 행복지수 국가 순위 발표를 볼 때마다 한국은 꼴찌 근처에 있다. 뒤에서 1, 2등을 하는 것이 한국의 현실이다. 아마 억압적인 사회 구조와 경쟁적인 분위기, 너무 바쁘고 꽉 짜인 생활 속에서 자기가 정말 하고 싶은 일을 하며 살아가는 사람들이 적기 때문일 것이다. 왜냐하면 이러한 삶 속에서는 절대로 세로토닌이 분비되지 않기 때문이다.

이시형 박사의 〈세로토닌하라〉라는 책을 보면, 우리 인간은 감정에 따라 움직이지만, 그 감정은 뇌에 따라 움직인다고 하는 대목을 접할 수 있다. 그리고 그 감정이 우리 마음대로 되지 않는 이유는 뇌 속에서 일어나는 기능 때문이라고 한다.

우리의 본능과 충동을 관장하는 편도체를 잘 조절하는 좋은 도구가 바로 '세로토닌'이라고 그는 덧붙인다. 세로토닌형 인간은 합리적이면서도 무섭게 집중할 수 있고, 목표가 분명하며, 실패에서 교훈을 얻고, 우뇌형 인간이며, 사람 냄새가 나고, 나누고 베풀 줄 알기 때문에 행복하고, 자연 친화형 지능이 높다고 한다. 한마디로 행복 물질이 세로토닌이며, 삶을 풍요롭게 살기 위해 가장 필요한 것 또한 이것이라고 그는 주장한다.

> "우리는 엔도르핀을 행복 물질로 알고 있지만 그건 큰 오해다. 우선 엔도르핀은 강력한 쾌감을 동반하지만 문제는 중독성이다… 마약, 도박, 술 무엇이든 좋다고 자주 하면 중독이 된다. 도파민과 엔도르핀은 뇌과학적으로 자제 능력이 없기 때문이다… 행복 물질은 엔도르핀이 아니고 세로토닌이다. 연인들이 뜨거운 포옹을 하는 그 격정적인 순간은 환희이지 행복은 아니다. 포옹이 끝나고 숨을 고른 후 햇볕 잘 드는 창가에서 두 손을 잡고 서로 마주 보는 순간, 그제야 아련히 밀려오는 기분, 그게 행복이다."

> : 이시형, 〈세로토닌하라〉, 42p.

세로토닌은 우리가 일상을 살아가면서 일상 속에서 행복감을 느끼게 하는 물질이라고 할 수 있다. 열심히 치열하게 몰입하면서 살게 하고, 간간히 휴식하며 창밖으로 보이는 소소한 풍경에도 행복을 느끼게 해주는 것, 도서관 자판기에서 뽑아 마시는 저렴한 커피 한잔에도 행복을 느끼게 해주는 것, 길거리에서 지나가는 사람들에게 조용히 미소지으며 사랑의 눈길로 바라보면서 세상이 아름답다는 공감을 느끼는 것, 풀 한 포기 자연과도 교감하며 풍성한 정서를 느끼는 것, 화가 나는 일이 있어도 분노를 참고, 감정을 조절하는 것, 이것이 모두 세로토닌의 역할이다.

그렇다면 세로토닌이 절대적으로 부족한 현대인들은 어떻게 해야 세로토닌을 많이 분비할 수 있을까?

가장 최고의 방법은 아침 10시 이전의 이른 아침에 햇살을 받으면서 30분 정도 걷는 것이다. 그리고 아침에 일찍 일어나서 30분 정도 걷기 위해 숙면을 취하고, 조금 일찍 잠자는 습관이 필요하다. 이때, 걷는 곳이 숲이나 나무가 많은 녹지대면 더욱더 좋다. 햇빛과 자연의 초록빛은 인간의 뇌파를 안정되시키고, 세로토닌을 활발하게 분비시켜 주어 금상첨화다.

이시형 박사는 자신의 저서를 통해 위기의 시대에 살아남으려면 그 어떤 시대, 어떤 상황에서도 유연하게 대처할 수 있는 능력이 필요하단 사실을 강조했다.

건강과 행복은 뇌에 달려 있다

누구나 열심히 노력하지만 반드시 성공하거나 행복해질 것이라고 말할 수 없는 이유는 창조적 변신, 변화, 유연성 등이 그 안에 포함되어야 하기 때문이라는 것이다. 창조적 변신, 변화, 유연성이 필요한 이유는 한강의 기적을 이룬 한국인들에게 잘 놀 줄 모르고, 잘 쉴 줄 모르게 만드는 경쟁 구조가 너무 심하게 형성되었기 때문일 것이다. 그래서 이것이 엄청난 스트레스로 작용하면서 한국인들에겐 점점 더 창의성이 사라졌고, 그 결과 창조적 변신, 변화, 유연성이 약해지는 악순환이 거듭된 것이라고 볼 수 있다.

우리 한국 사회는 한마디로 고도 압축 성장 사회였다. 그래서 엄청난 스트레스와 행복 물질로 오해하는 중독성이 강한 엔도르핀 과잉 상태가 되었다. 그 결과 자살률, 이혼율이 최고 수준이 되었고, 행복지수는 최하로 떨어졌다. 이러한 사회에 가장 필요한 것이 세로토닌인 것이다.

이시형 박사는 세로토닌의 중요 3대 기능을 다음과 같이 설명했다.

"세로토닌의 첫 번째 기능은 조절 기능이다. 세로토닌은 공격성, 폭력성, 충동성, 의존성, 중독성 등을 조절해 평상심을 유지하게 해준다. 또 격한 감정을 조절해 준다. 오늘의 우리에게는 너무나 절실하고 고마운 기능이다.

두 번째는 공부와 창조성의 기능이다. 세로토닌은 주의 집중과 기억력을 향상시켜 준다. 신피질을 살짝 억제해 잡념을 없애 주고 변연계를 활성화함으로써 창조성 함양에 크게 기여한다. 학생이든 사회인이든 참으로 절실한 기능이다.

세 번째는 행복 기능이다. 생기와 의욕을 불러일으키고 편안하고 평온한 행복 감을 갖는 것이 인간의 궁극적인 목표 아닌가, 우리가 핏대를 세우며 다투는 것도 결국 따지고 보면 행복을 위해서가 아니던가."

: 이시형, 〈세로토닌하라〉, 123p.

한국 사회의 가장 큰 특징이기도 한 '피로 사회'라는 이슈는 바로 행복 물질, 창조 물질인 세로토닌이 부족하여 생기는 것이라고 할 수 있다. 그런 점에서 세로토닌은 우리가 행복하게 살아가기 위해서 반드시 필요한 신경전달물질인 것이다.

앞에서도 언급했던 〈행복한 사람의 DNA는 어떻게 다른가?〉라는 책의 저자인 대니얼 네틀은 세로토닌이 뇌 속에 존재하는 행복이라고 말한 적이 있다.

"이런 연구들은 욕망과 쾌감이 뇌에서 어떻게 발생하고 있는지 설명해 준다. 그러나 행복은 이 둘과는 다른 것이다. 소마(soma)가 만들어 낸 것은 평온함, 만족감, 그리고 행복감이다. 바로 이런 것과 관계된 것이 세로토닌 시스템이다. 우리가 살펴본 바와 같이, d-펜플루라민을 통해 뇌에서 직접 세로토닌 활동이 증가하면 걱정이나 두려움 같은 부정적인 감정과 생각들이 감소한다. 세로토닌을 증가시키는 약물들은 우울증뿐 아니라 근심, 공포, 두려움을 감소시키는 데도 효과적이다."

: 대니얼 네틀, 〈행복한 사람의 DNA는 어떻게 다른가?〉, 185p.

건강과 행복은 뇌에 달려 있다

여기서 '소마'란 20세기를 대표하는 작가 중 한 명인 올더스 헉슬리의 풍자적 예언 소설인 〈멋진 신세계〉에 나오는 '모든 불만을 없애버리고 우울한 감정을 치료하는 기능이 있는 약'의 이름이다.

이러한 신비한 약과 같은 기능을 가진 행복 물질이 세로토닌이다. 그렇기 때문에 행복하게 살고 싶다면 세로토닌을 무시해서는 안 된다.

뇌를 춤추게 할 때 행복한 삶이 가능하다

뇌의학 분야에서 세계적인 명성을 얻고 있는 다니엘 G. 에이멘 박사는 자신의 저서를 통해 다음과 같이 피력한다.

> "만약 불안하거나 우울하거나 강박증이 있거나 화를 참을 수 없거나 쉽게 주의가 산만해진다면 당신은 아마도 이런 문제가 성격 탓이라고 생각할 것이다. 마음을 고쳐먹어야 한다고 자신을 몰아세울 것이다. 하지만 그건 사실이 아니다. 문제는 마음이 아니다. 그것은 뇌다."
>
> : 다니엘 G. 에이멘, <그것은 뇌다> 중

한마디로 우리가 불행한 원인은 우리의 마음이 아니라 뇌의 문제라는 것이다.

이러한 사실과 관련하여 우리는 이 질문을 생각해 봐야 할 것 같다. 이 세상에서 가장 행복한 사람은 과연 어떤 사람일까?

필자의 생각으로는 아마 자기 자신이 가장 하고 싶은 일을 하는 사람일 것이다. 그렇다면 왜 자신이 좋아하는 일을 하는 사람들이 행복할 수밖에 없을까?

그것은 바로 우리의 마음이 아니라 뇌 때문이다. 인간의 뇌는 자신이 좋아하는 일을 할 때 강하고 신선한 자극을 받는다. 이렇게 자극받는 이유는 좋아하는 일에 도전할 때 뇌 속에서 도파민이 활발하게 분비되기 때문이다. 그리고 이렇게 도파민이 분비될 때 인간은 기쁨과 쾌감을 느낀다.

도파민 이야기가 나왔으니 도파민에 대해 조금 더 자세하게 알아보자. 〈전두엽이 춤추면 성적이 오른다〉라는 책의 저자인 마르틴 코르테는 도파민을 이렇게 설명한다.

"답은 간단하다. 중요한 것은 도파민이다. 도파민이라는 두뇌의 전달물질은 많은 면에서 우리를 부추긴다. 도파민은 동기 부여와 보상에 관여하며 매혹적인 방식으로 신경세포의 능력을 촉진한다. 인간의 두뇌에는 도파민을 분비하는 신경세포가 약 백만 개뿐이지만 인간 행동의 기본적인 특성에 여러 가지로 관여하기 때문에 매우 중요하다. 도파민은 이런 역할을 한다.

* 뇌를 각성시키고 주의력을 높인다.

* 학습 능력을 증대시킨다.

* 호기심을 증대시킨다.

* 환상을 불러일으킨다.

* 자신감을 북돋운다.

* 낙천적으로 만든다.

* 특정 목표에 도달하고자 하는 의욕을 불러일으킨다.

* 환희를 유발한다."

: 마르틴 코르테, <전두엽이 춤추면 성적이 오른다>, 31~32p.

이처럼 도파민은 두뇌 보상 체계의 전달물질이기도 하기 때문에 긴장과 설렘을 유발한다.

자신이 하고 싶은 일, 좋아하는 일을 할 때 기분이 좋을 수밖에 없는 이유가 바로 이것이다. 기분 좋게 일할 때 성취도는 높아질 수밖에 없고, 그 결과 성취를 하면 더 많은 도파민이 분비되고, 이것을 뇌가 기억해서 뇌의 보상 심리 때문에 온 힘을 다해 다시 성취감을 맛보기 위해 뇌는 모든 역량을 총동원하게 된다.

그 결과 성공을 해본 사람은 그 맛을 알기에 또 다른 성공을 갈망하게 되고 성공이 계속해서 이어진다. 이것이 바로 뇌를 잘 활용한 경우이다.

어떤 일에 몰두할 때 인간이 행복한 감정을 느끼는 것도 바로 이 도파민 때문이라고 할 수 있다. 마르틴 코르테는 같은 저서에서 이렇게 설명한다.

"그렇다면 오랫동안 어떤 일에 몰두할 때 느끼는 좋은 감정은 어떻게 생겨나는 것일까? 여기에서도 도파민이 결정적인 역할을 한다. 도파민을 함유한 신경세포들은 측좌핵을 활성화시킨다. 백 원짜리 동전보다 작은 뇌핵은 뇌의 앞부분에 놓여 있으며 기저핵에 속한다. 측좌핵은 전두엽으로 정보들을 보내고 그곳에서 환희 감정을 유발하는 물질을 분비시킨다. 이것은 성공적인 학습에서 활성화될 뿐 아니라 마약, 운동, 사회적 성공, 섹스, 초콜릿을 먹을 때도 활성화되는 신경의 경로이다."

: 같은 책, 35p.

운동을 하는 사람이나 사회적 성공을 거두는 사람, 사랑하는 사람과 섹스를 자주 하는 사람들이 모두 그렇지 못한 사람보다 조금이라도 행복하고 유쾌하게 살아갈 수 있는 이유는 바로 이러한 뇌의 작용 때문이라고 말할 수 있을 것이다.

행복은 결국 사람 그 자체이고, 사람 중에서도 뇌와 밀접한 관련이 있다. 그러므로 뇌를 춤추게 할 때 사람은 진정으로 행복해질 수 있다. 좋은 관계를 형성한 사람이 그렇지 못한 사람보다 더 행복한 것도 바로 이 때문이다. 인생의 의미와 목적을 가진 사람이 그렇지 못한 사람보다 더 행복할 수 있는 이유도 바로 이 때문이다. 무미건조한 삶을 사는 사람보다 자신의 일에 몰입하면서 사는 사람이 더 행복한 것도 바로 이 때문이다. 돈이 아무리 많아도 돈과 행복이 비례할 수 없는 이유가 바로 이 때문이다. 운동을 하고 사랑을 하는 사람들이 그렇지 못한 사람보다 더 행복한 이유가 바로 이 때문이다. 수동적인 삶, 소극적인 삶을 사는 사람보다 적극적이고 외향적인 사람이 더 행복한 이유가 바로 이 때문이다. 사회적으로 낮은 지위에 있는 사람보다 자율권이 더 많이 보장된 높은 지위에 있는 사람이 더 행복하고 건강할 수 있는 이유가 바로 이 때문이다.

그러므로 뇌를 춤추게 할 때 당신은 그만큼 더 행복해질 수 있다.
문제는 당신에게 행복해질 만한 충분한 돈이 없는 것이 아니라 충분히 뇌를 춤추게 하지 않았다는 점에 있는지도 모른다.

건강과 행복은 뇌에 달려 있다

건강한 뇌를 가진 사람이 더 재미있게 산다

뇌가 건강한 사람이 일상적인 삶에서도 그렇지 못한 사람보다 더 건강하고 재미있고 활기차게 살아간다. 반대로 말하자면 뇌가 건강하지 못한 사람은 우울증 같은 질병에도 더 쉽게 걸리고 더 자주 걸린다고 말할 수 있을 것이다.

우울증 환자의 뇌를 측정해 보면, 뇌 전체 활동이 정상인들에 비해 매우 약하다는 충격적인 사실을 알 수 있다. 자기공명영상법인 MRI나 양전자방사단층촬영인 PET로 뇌의 혈류량을 측정해 보면, 이러한 사실을 쉽게 입증할 수 있다. 뇌의 전체적인 활동 상태가 정상인에 비해 매우 적다는 것은 한마디로 뇌가 건강하게 활동하지 못한다는 것을 의미한다.

뇌가 건강하게 활동하고, 활성화되어 있다면, 필연적으로 많은 양의 산소와 포도당이 필요하고, 그로 인해 활성화된 부위에는 다량의 혈액이 흐를 수밖에 없다. 이러한 원리를 이용하여, 뇌의 활성화 상태를 측정할 수 있다.

목욕할 때, 많은 양의 물이 수도관을 통해 흘러내려야 목욕이 가능하고, 반대로 목욕하지 않고 손만 씻을 때는 목욕할 때보다 훨씬 적은 양의 물이 필요한 것과 같은 맥락이다. 이것은 뇌가 활동하는 양에 비례해 뇌에 혈류가 흐르기 때문이다. 즉 운동을 하면 그 운동 영역에 혈류량이 증가할 뿐만 아니라 운동을 많이 하는 만큼의 혈류량이 흐르게 된다.

예를 들어, 음악을 들으면 청각 영역에 혈류량이 많이 증가하고, 영화를 보면 청각과 동시에 시각 영역에 혈류량이 많이 증가하는 것을 확인할 수 있다. 이런 원리로 보았을 때, 우울증 환자들은 정상인에 비해 뇌의 전반적인 활동이 매우 적고, 그것도 우울증과 관련된 우울한 기분을 관장하는 뇌 부위만 활성화된다고 한다.

이처럼 뇌와 우울증에는 우리 생각 이상으로 밀접한 연관이 있다. 우울증 환자에게 부분적인 인지 장애가 함께 오는 것도 이러면 충분히 납득이 된다. 뇌가 정상적으로 활성화가 안 되기 때문에, 당연히 지적 활동의 중심이라고 할 수 있는 인지 기능에 악영향을 끼치는 것이다.

그래서 우울증 환자들은 책을 읽거나 심지어 영화를 봐도 제대로 보지 못하고 곧바로 딴 곳으로 정신을 분산한다. 우울증 환자는 신체적으로 심한 피로감과 무기력, 우유부단함까지 겪는다. 이러한 증상들은 뇌의 비활성화와 직접적인 연관이 있다. 한마디로 뇌가 건강하지 못하면 근본적으로 건강하고 행복한 삶을 살아가는 것이 불가능하다.

미루어 짐작해 봐도, 오늘날 자살자가 많은 이유가 건강하지 못한 뇌로 인한 극심한 우울증 때문이라는 것을 아무도 부인할 수 없을 것이다. 자살자의 정신 상태를 조사한 결과에 따르면, 자살자의 60~80%가 우울증 같은 기분장애 질환을 앓던 것으로 밝혀졌다고 한다.

우울증과 뇌가 밀접한 관련이 있다는 증거는 또 있다. 우울증 환자에게 자살을 예방하는 효과가 있고, 증상을 완화해 주는 효과가 있다고 받아들여지는 항우울제가 향정신성 약물 판매 시장의 과반수를 점유한다는 현실이 그것을 입증한다.

항우울제인 '프로작'의 가장 중요한 기능은 뇌에서 분비되는 호르몬인 세로토닌의 재흡수를 선택적으로 억제하는 것이고, 프랑스에서는 이 프로작이 항우울제의 대부분을 차지한다. 물론 항우울제가 우울증을 낫게 하는 기적의 치료법은 아닐지라도, 그 효과는 크다고 학계에서는 인정한다.

우울증이 마음의 병인지 몸의 병인지 묻는 질문에 정확하게 답할 수는 없다지만, 지금까지의 뇌과학자들의 연구 결과를 토대로 볼 때, 뇌의 병이라고 할 수 있을지도 모른다. 필자가 이렇게 말하는 가장 큰 이유는 우울증을 치료하거나 증세를 완화시키기 위해 가장 많이 초점을 맞추는 것이 바로 뇌이기 때문이다.

결론적으로 뇌가 건강한 사람은 우울증에 걸리지 않을 뿐만 아니라 건강하고 행복한 삶을 살아간다. 건강한 뇌를 가진 사람은 불안정한 여건에서도 마음을 차분히 다스릴 수 있고, 동요하지 않을 수 있다. 그래서 평상심을 유지한다. 그것이 강한 내면을 가진 사람들의 특징이다.

많은 사람이 행복과 교육, 행복과 부, 행복과 성공을 연결하지 못한다. 그런데 그 이유 역시 바로 뇌가 건강하지 못하기 때문이다. 나약한 뇌가 이러한 것들의 연결점을 발견하지 못하기 때문이다. 이러한 것들의 연결점을 발견할 정도로 뇌가 강해지고 건강해지면 삶은 균형을 이룬다.

뇌가 건강할수록 사회와 세상의 피해자가 아닌 주인공으로 자신을 인식한다. 그리고 뇌가 건강할수록 일상에서 시간을 보내는 방식이 더욱더 행복하고 건강한 방식으로 바뀐다. 그래서 뇌가 건강해야 더 재미있게 살 수 있고, 더 유익하게 살 수 있다. 뇌가 건강해야 대인 관계가 더 좋아지고, 정서적 안정감이 높고, 결단력과 행동력이 생기며, 자아 성장에 대한 동기 부여가 강하게 되어, 성공적인 삶을 살아갈 수 있다. 뇌가 건강해야 정신 건강이 좋아지고, 긍정적으로 생각할 수 있고, 실수나 실패를 통해 좌절하지 않고, 다시 도전할 수 있다.

건강한 뇌를 가진 사람들은 자신의 재능을 발견하고, 꿈을 꾸고, 포기하지 않고, 목표를 세우고, 계속 배워 나가는 사람들이다. 인간은 사회적 동물이기에 육체적 건강과 함께 사회적 관계에서 건강해야 더 행복하고 더 성공할 수 있다. 그런 점에서 건강한 뇌를 가진 사람들이 그렇지 못한 사람들보다 훨씬 더 행복하게 살아간다.

건강과 행복은 뇌에 달려 있다

행복은 뇌를 심심하게 만들지 않는 것이다

삶이 지루하고 의욕이 상실되는 경우에는 우울증에 쉽게 걸리고 불안해진다. 그 결과 공황 증상도 생기고, 모든 것이 귀찮아지고, 짜증과화가 넘쳐난다. 이러한 상태가 지속되면 우울증이 된다.

그렇다면 이런 상태가 되는 가장 큰 원인은 무엇일까? 그것은 바로뇌가 심심함과 무미건조함을 느끼기 때문이다.

하루하루 가슴 설레며 가슴 뛰는 삶을 사는 사람들은 절대 뇌가 심심하지 않다. 그리고 이런 사람들은 절대로 불행하지 않다. 이들이 행복한 이유는 성공했기 때문이 아니라 도전하는 과정에서 뇌가 지속적으로 자극받고 짜릿한 성취감을 맛보기 때문이다. 한마디로 이런 사람들의 뇌는 즐거운 것이다. 반대로 불행한 사람들은 뇌가 즐겁지 않기때문에 불행하다.

가슴이 설레고 잠을 못 이룰 정도로 좋아하는 취미를 가진 사람들이취미 생활을 할 경우 삶에 활력이 생기고 점점 더 행복해지는 것은 바로 이 때문이다.

평생 일만 알고 일만 했던 사람들이 정년퇴직을 하고 나서 갑자기 무엇을 해야 할지 몰라 혼란을 느끼고, 평생 해오던 일을 안 하고, 날마다 나가던 직장을 하루아침에 안 나가고 그냥 집 안에 있게 되었을 때, 갑자기 건강이 악화되고, 빨리 늙는 이유도 이 때문이다.

뇌가 절대적으로 심심해지기 때문이다. 뇌가 젊어야 건강하고 행복할 수 있다. 뇌가 심심하지 않게 여러 가지 활동을 하고, 인생의 목표를 정하고, 활기차게 살아나가야 하는 이유가 여기에 있다.

사실 인간이 대마초에 빠져들고, 우울증을 악화시키거나 이것이 자살로 이어지는 원인도 바로 우리의 뇌에 있다.

> "최근의 연구 결과, 놀랍게도 인간의 뇌에는 대마초의 주성분인 테트라하이드 로칸나비놀이 결합하는 수용체(cannabinoid, CB)가 있음이 밝혀졌다. 즉 우리 뇌에 내인성 모르핀이 존재하고 있는 것처럼 대마초와 비슷한 환각물질이 존재하고 있다는 말이다. 얼마 전에 돼지의 뇌에서 대마를 피웠을 때와 비슷한 작용을 하는 것으로 보이는 새로운 화학물질이 발견되었다. 이 화학물질은 '아난다마이드'로 명명되었는데, 이 이름은 '행복'이라는 뜻의 산스크리스트어인 '아난다'에서 따온 것이다. 이는 인간의 뇌에 대마 수용체로 이루어진 어떤 신경체계가 존재하고 있다는 증거가 된다."
>
> : 네이버캐스트, '뇌와 대마초'

많은 사람의 장래를 망치는 대마초의 유혹에 우리가 쉽게 빠져드는 이유가 우리의 뇌 속에 대마초를 아주 열렬하게 환영하고 뜨겁게 반응하는 대마 수용체로 이루어진 신경체계가 존재하기 때문인 것이다. 그래서 한두 번이라도 대마초를 피우면, 인간의 뇌는 완전하게 대마초의 노예가 되어 버린다.

그런데 이러한 상황에 빠져들지 않기 위한 가장 좋은 방법이 바로 뇌가 건전한 신선함과 재미를 통해 무언가에 깊이 빠져드는 일을 경험하게 하는 것이다. 한마디로 뇌를 심심하지 않게 할 때, 뇌는 대마초 같은 것의 유혹에 넘어가지 않는 힘을 가진다.

행복한 사람들의 공통점은 자기 자신이 좋아하는 일을 많이 하는 사람들이다. 반대로 불행한 사람들은 자신이 좋아하는 일을 많이 하지 못하고, 그저 먹고살기 위해, 생계를 꾸려 가기 위해 하기 싫은 일을 억지로 참으면서 한다.

바로 여기에서 결정적으로 가장 큰 영향을 받는 것이 우리의 뇌이다. 전자는 뇌가 즐겁고 기쁘고 흥분한다. 그 결과 뇌는 점점 더 생기를 얻고, 젊어지고, 건강해진다. 반대로 후자의 뇌는 점점 더 쭈그러들고, 활기가 없어지고, 늙고, 나약해지고, 한마디로 심심해진다.

이렇게 심심해진 뇌세포들이 스스로 자살하는 경우도 있다고 한다. 물론 에너지 소비가 많은 뇌세포들이 좀 더 효율적인 뇌 운영을 위해서 스스로 자살하는 경우도 있지만, 어쨌든 할일이 없기 때문에 자살하는 것이라고 필자는 생각한다.

왜냐하면 새로운 것을 끊임없이 배우고, 공부하고, 새로운 것에 도전하고, 새로운 일을 하면서 재미있고 즐겁게 살아가는 노년들의 경우 뇌 세포가 점점 더 많이 생겨나기 때문이다. 하지만 재미있고 신나는 것을 지속적으로 배우거나 도전하고 시도하지 않고 무미건조하게 재미없게 살아가는 사람들의 뇌세포는 절대로 성장하거나 발전하지 않는다.

뇌를 심심하게 만들지 않는다는 것은 즐겁게 재미있게 의욕적으로 평생 공부하고 배우며 새로운 것에 도전하며 살아간다는 것을 의미한다. 이렇게 무엇인가를 끊임없이 배우고 새로운 것에 도전하며 살아가는 인생은 절대로 뇌가 심심하지 않다. 그래서 행복하고 활기찬 인생을 살아간다.

우리 주위에 행복한 사람들을 잘 살펴보면, 농담과 유머를 즐기고, 주변 사람과 즐겁게 지낸다는 사실을 쉽게 발견할 수 있다. 행복한 사람들은 사회성이 상당히 뛰어나며, 과묵하기보다는 대화를 즐긴다. 또한 다양한 측면에서 정서적으로도 메마르지 않고 풍부하다. 그들의 뇌가 무관심하지 않고, 메마르지 않기 때문인 것이다.

긍정심리학에 의하면 행복한 삶은 세 가지 측면을 지닌다고 한다.

첫째는 즐거운 삶이다. 즐거운 삶은 일종의 기술이고 경험이다. 즐거운 경험을 자주 하고 즐거운 경험을 잘하는 사람들은 일생을 살면서 긍정적인 경험을 더 자주 하기 때문에 행복해질 수 있는 가능성을 더 크게 가진다.

두 번째는 몰입하는 삶이다. 어떤 대상이나 일 혹은 사건에 몰입하는 것을 의미한다. 우리는 무언가에 몰입(flow)할 때 시간이 멈춘다고 느끼기도 한다. 너무나도 재미있는 게임을 하거나 진심으로 좋아하는 일을 하면서 보낸 몇 시간이 일상생활에서의 몇 분보다도 더 짧게 느껴지는 것은 바로 몰입하기 때문이다. 이런 몰입을 경험한 사람은 지루함과 좌절이 아닌 생동감과 활력을 보상으로 받는다. 그리고 단순한 즐거움에서 그치는 것이 아니라 도전과 기술의 향상을 위한 동기를 지니게된다. 이렇게 몰입하는 삶은 우리의 인생을 더욱 좋은 방향으로 나아가게 하기 때문에 더 좋은 행복의 기술이라고 필자는 생각한다. 몰입이론의 창시자인 칙센트 미하이 교수에 의하면 몰입의 경험을 풍부하고 다양하게 하는 것이야말로 행복함을 넘어서 훌륭한 삶을 만든다고 피력한 바 있다.

세 번째는 의미 있는 삶이다. 의미 있는 삶은 자신만의 강점을 인식한 뒤 그 강점을 사용하여 자신보다 더 큰 무엇인가에 속해 봉사하는 것을 말한다. 의미가 있을수록 우리의 삶은 더 강해지고 더 풍성해진다. 그리고 그럴 수 있는 이유는 우리의 뇌가 긍정적인 자극과 보상을 받기 때문이다.

즉, 즐겁고 몰입하고 의미 있는 삶을 산다는 것은 결국 당신의 뇌를 방치하지 않는다는 말이다. 행복한 사람들은 자신의 뇌를 끊임없이 행복하게 해주는 사람이다.

뇌를 건강하게 유지할 수 있는
기상천외한 세 가지 방법

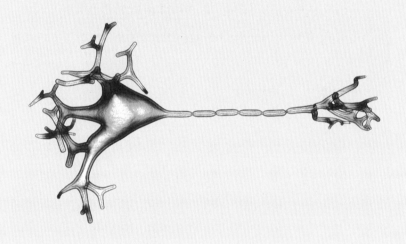

'항상 기뻐하라. 쉬지 말고 기도하라. 범사에 감사하라.'

'항상 기뻐할 때' 우리의 뇌는 어떤 반응을 보일까?

성서에서 나오는 '항상 기뻐하라'의 의미는 여러 가지로 해석할 수 있다. 그중에 가장 넓은 의미는 우리 인간의 삶에 슬픔과 고통이 가득하더라도, 우리에게는 기뻐해야 할 그 무엇이 있다는 의미일 것이다.

슬픔과 고통의 현실을 넘어서는 그 무엇이 있음으로 인해, 언제나 기뻐하라는 것이다. 즉 눈앞의 고통, 슬픔만 보지 말고, 그것을 뛰어넘어, 그 슬픔 이후의 것, 그 슬픔 너머에 있는 보이지 않는 이면적인 것을 보고 기뻐하라는 뜻으로 해석할 수도 있을 것이다.

그렇다면 우리가 항상 기뻐할 때, 우리의 뇌는 어떤 작용을 할까? 먼저 기뻐할 때 우리의 뇌는 노화가 멈추거나 연기된다. 그 이유는 바로 몸과 마음과 뇌의 연결성에 있다. 즉 마음으로 기뻐하면, 우리의 뇌에서는 세로토닌이 잘 분비된다.

뇌에서 세로토닌이 잘 분비되지 않으면, 우울증에 걸리기가 쉽다. 세로토닌 부족이 우울증의 원인이라는 사실은 이미 밝혀졌다. 첨언하자면, 항상 우울한 사람은 뇌에서 세로토닌이 분비되지 않고, 그것이 지속되면, 뇌는 자동적으로 세로토닌 분비를 안 하게 된다.

그래서 뇌의 세로토닌 부족은 우울증의 한 가지 원인이 된다. 반면에 항상 기뻐하는 사람은 절대 우울증에 걸리지 않는다. 또한 스트레스도 적기 때문에 스트레스로 인해 시상하부와 뇌하수체, 부신피질로 이어지는 코르티솔이라는 스트레스 호르몬의 분비가 덜하다.

흥분한 교감신경은 부신수질에서 아드레날린을 분비시켜 혈관 수축과 그로 인한 혈압 상승, 위점막의 혈류 저하를 초래한다. 이로 인해 뇌 건강에 악영향을 줄 뿐만 아니라, 십이지장궤양, 심근경색, 뇌경색 등의 질병을 쉽게 발병시키며, 스트레스가 극심하면 우리의 뇌가 쭈그러들 뿐만 아니라, 수명도 단축된다.

스트레스는 학습과 기억의 중추인 해마의 성장을 멈추게 하고, 활동을 멈추게 할 뿐만 아니라 해마의 뇌세포를 파괴하기도 한다는 보고가 있다. 그런데 반대로, 항상 기뻐하는 것만으로 우리가 얼마나 많은 효과와 혜택을 얻는지 제대로 이해하면 놀라지 않을 수 없다.

미소를 짓거나, 웃으면 보상 반응을 담당하는 측좌핵이 활성화된다는 연구 결과가 있다. 행복해서 웃는 것이 아니라 웃으니까 행복해진다는 말이 있듯이, 이 말엔 과학적인 근거가 있다. 미소를 짓거나, 크게 웃으면 보상 반응이 작동하고, 얼굴의 많은 근육이 움직이므로 그것을 인지한 뇌에서 행복 물질이 나오는 것이다.

두 번째, '쉬지 말고 기도하라'라는 말은 어떤 의미일까?

이것은 우리의 삶을 항상 반성하라는 의미도 있지만, 그보다 더 중요한 의미는 기도에 있다. 기도는 신과의 교감이며, 연대이며, 대화이다. 우리는 인간의 삶을 보다 더 충만하게 하며 저 우주 모든 것을 다 초월하는 존재인 신과의 대화를 통해, 세상의 물질적인 것에서 얻는 이상의 것을 얻을 수 있다.

기도하는 시간은 나와 세상이 없어지고, 세상의 모든 염려와 걱정과 근심과 두려움과 분노와 원한과 원망을 다 내려놓고, 오직 마음의 참된 평안과 신과의 하나 됨을 만들고 이끄는 시간이다.

이러한 시간은 일종의 '몰입'의 경지이다. 이러한 순간은 바로 자신을 온전히 내려놓고, 조물주의 음성을 조용히 기다리는 침묵의 시간이기도 하다. 오직 그분과 나만 존재하는 순간을 기도하는 시간이라고 할 수 있다. 나의 요구사항, 나의 축복, 나의 믿음, 나의 미래, 나의 가족을 위해 주저리주저리 축복을 달라고 말하는 것은 기도가 아니고 어린아이가 떼쓰는 것이다. 물론 이것도 삶에서 필요하다. 하지만 여기서의 기도는 내적인 대화이자 기다림이며, 자신을 잊고 신에게 집중하는 것이다. 이러한 활동은 우리의 뇌로 하여금 놀라운 변화를 가져 오게 한다.

이를 발견한 사람은 마음이 몸에 미치는 영향을 35년 이상 연구 중인 하버드 의과대학 심신연구소 소장인 허버트 벤슨 박사이다. 그는 사람이 기도나 명상을 통해 어떠한 변화가 생기는지를 연구하는 학자이며, 이 분야의 세계적인 권위자이다.

그는 다양한 연구 결과들을 가지고 있는데, 그중 하나는 기도나 명상을 통해 체온을 10도나 올릴 수 있다는 사실을 발견한 것이다. 영하 10도 이하의 추운 겨울 산꼭대기 위에서도 기도하는 사람은 얼어 죽지 않는다는 사실을 과학적으로 입증한 것이다.

예전부터 '자율' 신경계는 자율적으로 움직이므로 사람이 영향을 줄 수 없다고 생각해 왔지만, 기도나 명상을 통해 영향을 준다는 것이 밝혀졌다. 같은 연주자와 악기를 가지고도 지휘자에 따라 엄청나게 다른 연주가 나오듯이, 우리의 뇌와 몸도 관리하고 훈련하기에 따라서, 놀라운 능력을 발휘할 수 있다.

벤슨 박사는 또한 열심히 기도하거나 집중해서 명상할 때 뇌파를 측정했다. 그때 우리 뇌에는 세타파의 활성이 확연히 증가했다고 한다.

활성화된 세타파는 각성 상태와 뛰어난 집중력을 뜻한다. 이러한 상태가 습관이 되도록 매일같이 기도하는 사람은 뇌뿐 아니라 몸도 마음도 장수할 수밖에 없는 신체적, 정신적 조건을 가질 수밖에 없다는 것이다.

그러므로 신앙을 가진 사람들, 열심히 기도하고 명상하는 사람들은 오래 살고, 행복할 수밖에 없다. 뇌를 기쁘게 하고, 지치지 않게 하기 때문이다. 입시 공부에 지친 수험생들의 뇌에게 반드시 필요한 것은 보약이나 수면보다는 날마다 기도하는 것이다.

세 번째, '범사에 감사하라'는 뇌와 무슨 관련이 있을까?

감사와 뇌의 관계에 대한 과학적인 근거를 들어 보자면, 감사하는 마음을 가지면 그것만으로 우리는 바로 기분이 좋아지고, 행복한 느낌을 받는다. 그때, 실제로 뇌가 활성화되며 뇌를 움직이는 가장 중요한 원료인 뇌 혈류량이 증가한다고 한다.

이러한 이유는 감사하는 마음이 뇌의 혈액 흐름에 직접적으로 영향을 미치기 때문이다. 그 결과, 뇌는 보다 기능적이 되며 활성화되어 몸 뿐만 아니라 뇌의 건강도 좋게 유지하도록 한다.

미국의 신경과학자 다니엘 에이멘 박사는 감사하는 마음을 가져서 좋은 기분이 들 때 대상회와 소뇌의 뇌혈류가 원활하게 흐르며, 이로 인해 의욕이 넘치고 몸에 활력이 돌며, 뇌가 활성화된다고 했다.

그는 〈영혼의 하드웨어인 뇌 치유하기(Healing the Hardware of Soul)〉라는 책에서 생각이나 감정, 행동이 뇌의 기능에 직접적인 영향을 미친다고 밝혔다. SPECT(방사선 단층촬영)을 통해 우리의 감정과 뇌의 혈액 흐름 사이의 연관성을 조사했는데, 부정적 혹은 긍정적인 생각이나 기분에 따라 뇌의 혈액량이 달라지는 것을 영상으로 보여 준 것이다.

감사한 생각이나 느낌을 가지면 부정적인 생각을 할 때보다 혈액량이 크게 증가한다. 특히 소뇌의 혈액량에 현저한 차이가 생긴다. 적응력과 순발력을 관장하는 부위인 대상회 전부(중앙 윗부분)와 좌뇌간 신경질(오른쪽 중간 부분)에도 혈액량이 증가한 것을 볼 수 있다.

에이멘 박사는 감사한 생각을 가질 때 뇌의 활동이 활발해지고 뇌의 모든 부위가 최대한의 기능을 발휘한다고 강조했다. 대상회 전부와 좌뇌간 신경질의 활동이 원활해지면 적응력이 증대되고 의욕이 넘치며 신체 기관이 활발하게 상호작용한다고 한다. 이것이 습관화될 때, 즉 범사에 감사하는 사람에게는 한두 번 감사하는 사람에게는 없는 신경생물학적인 뛰어난 효율성이 발생한다. 신경생물학적으로 뇌 혈류량이 증가하도록 신경생물학적인 기본 세팅(구조)이 바뀌기 때문에 수험생들에게도 놀라운 효과가 있다.

　이처럼 감사하는 마음을 항상 가지는 것은 놀라운 뇌건강을 유지하는 방법이 아닐 수 없다.일상 속에서 늘 감사함을 느끼는 마음가짐이야말로 뇌를 건강하게 유지하는 비법이다. 이러한 사실 때문에 감사하면서 공부하고, 살아가는 사람이 더 높은 학업 성취도를 보이고, 더 높은 삶의 질을 보인다.

지적인 사람들은 자신들의 뇌를 좀 더 효율적으로 활용할 줄 안다.

뉴욕 콜롬비아 대학의 야코프 스턴 교수는 젊은이들과 나이든 사람들의 뇌를

스캔해 정신 활동 수준을 비교해본 결과,

IQ가 높은 사람들의 뇌가 IQ가 낮은 사람들의 뇌보다

훨씬 힘을 덜 들이고 복잡한 일을 해낸다는 사실을 알게 됐다.

스턴은 IQ가 높은 사람들은 보다 효율적인 신경세포망을 갖고 있어

뇌의 노화 같은 문제들을 막을 수 있다고 믿는다."

: 세계적인 두뇌개발 전문가 토니 부잔, <당신의 뇌 나이>, 39p.

Brain
Enovation

PART 3

고수가 되고 싶다면
뇌를 활용하라

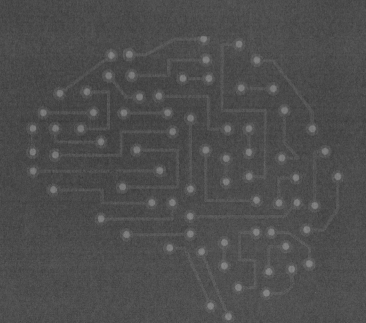

5장

공신이 되고 싶다면
뇌를 압박하라

"인간 뇌의 가장 놀라운 측면 하나는 평생 뭔가를 배울 수 있는 대단한 능력을 갖고 있다는 점이다. 숨을 쉰다든지 심장박동과 체온을 통제한다든지 하는 몇 안 되는 기본적인 기술들은 태어날 때부터 그냥 존재한다. 이처럼 타고난 기술들 이외의 거의 모든 기술들은 뇌를 통해 배워야 하는 것들인데, 뇌는 외부 세계의 갖가지 상황에 대응해 신경세포들 간의 연결을 재배열함으로써 뭔가를 배운다. 당신 뇌에 뭔가를 입력해 보라. 그러면 뇌의 신경세포들이 이리저리 연결되면서 변화하고 배우게 된다. 입력되는 것이 없으면, 신경세포들 간의 연결 상태가 변화하지 않고 그대로 있게 되며, 심지어 퇴화하게 된다."

_ 세계적인 두뇌개발 전문가 토니 부잔, <당신의 뇌 나이>, 41p.

평범한 뇌를 천재의 뇌로 바꾼다

～～～～～～～～～～～～～

"'뇌는 영원히 고정되어 있다'는 생각이 조금씩 바뀌기 시작한 건 불과 20여 년 전의 일이다. 그때부터 뇌에 대한 연구는 급속도로 발전해 왔다. 선구적인 과학자들은 뇌가 지속적으로 변화하는 성질을 가지고 있다는 사실을 여러 연구를 통해 입증했다. 뇌세포는 끊임없이 새로운 수지상 돌기와 수용체를 생산하고, 새로운 시냅스(신경 세포의 연접부)를 만들고, 뇌활동을 자극하는 신경 전달물질의 본질을 바꾸어 놓았다. 심지어 어른의 뇌도 새로운 세포를 만들 수 있다는 사실이 입증되었다."

: 진 카퍼, <뇌 x- 파일>, 21p.

이 말처럼 뇌는 고정된 것이 아니라 새로운 세포를 만들어 낼 수 있고, 얼마든지 변화할 수 있다는 사실을 최근 뇌과학이 밝혀냈다. 이와 함께 과거 천재들의 삶을 자세히 연구해 보면 처음에는 둔재였다가 노력과 공부를 통해 천재로 도약한 인물들이 적지 않았다는 사실을 쉽게 발견할 수 있다. 뿐만 아니라 평범한 뇌를 가졌지만 비범한 일을 해내고, 탁월한 성과를 창출하는 사람들이 우리 주위에는 의외로 적지 않다. 그런데 그들이 그렇게 할 수 있었던 것은 자신도 모르게 자신의 뇌를 압박하고 뇌에 자극을 주는 법을 알았기 때문이다.

즉, 가장 효과적이고 효율적으로 공부하고 일하는 방법을 터득하였고, 그 방법을 강화시켜 더욱더 큰 효과를 보게 되자 그다음부터는 별로 힘들이지 않아도 공부를 잘하는 단계에 도달한 것이다.

평범한 뇌를 천재의 뇌로 바꿀 수 있는 여러 방법 중의 하나는 '쓰기'다. 손가락과 손은 제2의 뇌라고 말할 수 있을 만큼 외부에 나온 뇌와 같다. 쓰기를 통해 알게 모르게 뇌를 압박하고 자극하고 잠에서 깨우게 된다.

그렇기 때문에 종이에 쓰면서 암기하면 기억이 잘 나고, 머리도 좋아진다. 이러한 사실을 일본의 의학박사 가와시마 류타는 다음과 같이 말한 적이 있다.

"쓰기가 왜 기억력을 향상시키는 걸까?

실제 쓰기를 통해 뇌의 전전두엽이 활성화된다는 근거가 속속 나오고 있다. 그러나 그 원인에 대한 명확한 해답은 아직 밝혀지지 않았다. 우리 연구팀은 한자 공부를 할 때의 뇌활동을 측정해 보았다. 쓰지 않고 눈으로 보기만 하고 외우려 할 때와 쓰면서 암기하고자 할 때를 비교했다. 후자가 좌우 전전두엽 모두 활성화시킨다는 것을 알 수 있었다. 즉 '쓰는 활동'이 좌우의 뇌를 더 많이 움직이게 하는 것이다.

반면에 눈으로만 보면서 한자를 암기할 때는 사물을 보는 후두엽과 좌뇌의 전전두엽 세 군데의 작은 영역만이 활동할 뿐이다. 쓰기를 되풀이하면 뇌의 많은 부분을 사용함으로써 활성화시켜 기억력이 향상된다. 뇌를 단련시키는 효과가 생기는 것이다. 암기한 내용을 오래 기억하기 쉬운 이유도 여기에 있다."

: 가와시마 류타, <5분 활뇌법>, 111~112p.

한마디로 쓰기를 반복하고 자주하면 뇌를 단련시키는 효과를 낸다. 만약 자신의 머리가 굳어진다는 느낌이 든다면 연필을 자주 잡고 글씨를 쓰지 않았기 때문이라고 할 수 있다.

책상에 연필이 다양하게 많이 놓여 있는 사람은 대부분 학생들, 학자들이다. 그러므로 글쓰기에 필요한 노트와 연필을 많이 준비해 놓고 항상 쓰는 것을 습관화하는 것이 매우 중요하다.

그렇다면 손가락을 사용하여 글이나 붓으로 글씨를 쓰는 것이 이처럼 뇌에 좋은 이유는 무엇일까?

그것은 쓰기가 '뇌를 가장 쉽게, 효과적으로 자극하는 방법'이기 때문이다.

그리고 그 자극이 다양하고, 강하고, 반복될수록 뇌의 능력은 더 많이 향상된다는 사실도 알아야 한다. 글쓰기가 평범한 뇌를 천재의 뇌로 바꾸는 방법인 이유는 뇌에 지속적인 자극을 주기 때문이다. 그래서 필자는 이 방법을 최고로 강조한다.

글쓰기와 함께 뇌를 자극하는 방법으로는 오감을 자극하는 법이 있다. 세계적인 뇌 권위자인 존 메디나 박사는 자신의 명저인 〈브레인 룰스〉에서 아주 재미있는 실험을 소개한다.

영화를 보는 사람들에게 아무 냄새가 없는 곳에서 영화를 보게 하고 영화의 세부사항을 얼마나 많이 잘 기억하는지 조사한다. 그러고 나서 다음번에는 팝콘 냄새가 진동하는 곳에서 영화를 보게 하고, 영화의 세부사항을 얼마나 기억하는지 조사했다.

그 결과는 매우 흥미로웠다.

아무 냄새도 나지 않는 곳에서 영화의 세부사항을 별로 많이 기억하지 못했던 사람들이 팝콘 냄새가 진동하는 곳에서 영화를 보면 50%나 더 많이 기억한다는 결과가 나왔기 때문이다.

> **"냄새는 기억을 환기시키는 데 대단히 효과적이다. 팝콘 냄새가 진동하는 곳에서 영화를 보고 세부사항을 얼마나 기억하는지 실험해 보면, 아무 냄새도 없는 곳에서 했을 때보다 10에서 50퍼센트는 더 기억한다."**
>
> : 존 메디나, 〈브레인 룰스〉, 309p.

한마디로 당신의 뇌를 천재의 뇌로 만들고 공부의 신이 되고 싶다면, 공부할 때 자신의 뇌에 자극을 줄 수 있는 좋은 냄새가 나는 곳에서 공부를 하면 된다. 여기에 손가락을 이용해서 뇌를 자극하는 것을 잊지 않는다면 다양한 채널로 뇌를 자극해서 뇌는 보통 때보다 몇 배의 기억력을 더 높일 수 있다.

다양한 채널을 통해 다양한 자극을 줄 때 우리의 뇌는 더욱더 활발하게 움직인다. 뇌의 구석구석이 활발하게 움직이고 가동될수록 우리는 더욱 비범한 존재로 성장한다. 그 결과 우리는 우리 속에 잠자던 천재성을 깨울 수 있다.

천재성을 깨우고, 평범한 뇌를 천재의 뇌로 바꾸는 가장 좋은 방법은 다양한 자극을 뇌에 주는 것이다. 자극이 다양하고 강할수록 우리의 뇌는 더욱더 민첩하게 움직인다. 그것도 두 개 이상의 다양한 자극을 동시에 주면서 공부하면 공부의 신이 되는 것도 시간문제다.

실제로 하버드 대학교에 다니는 많은 학생이 공부할 때 뇌를 자극하기 위해 향기 나는 환경에서 공부하는 것을 즐긴다고 한다. 그러한 다중감각 환경에서 학습하면 단일감각 환경에서 했을 때보다 학습 효과가 훨씬 좋다는 것이다. 즉, 무미건조한 곳에서 공부할 때보다 오감을 자극하는 환경에서 공부할 때 기억한 내용이 더 오래 지속되고, 더 잘 기억된다.

손과 눈과 코와 입과 귀를 통해 다양한 자극을 받으면서 공부할 때 당신은 천재의 뇌를 가진 상태로 공부하게 된다는 것을 명심하도록 하자. 필자가 자신 있게 주장하는 것은 바로 이 부분이다.

필자는 공부할 때 손으로 쓰고, 코로 좋은 냄새를 맡으면서, 입으로 달콤한 사탕이나 초콜릿을 자주 먹으면서, 귀로 클래식 음악을 들으면서 공부를 하라고 권하고 싶다.

단, 가사가 있는 가요를 들으면서 공부하면 가사와 공부의 언어가 충돌을 일으켜서 역효과가 난다. 하지만 가사가 없는 클래식은 우리의 두뇌를 활발하게 움직이게 해주고 깨워 준다. 그렇기 때문에 책을 읽을 때나 공부할 때 클래식을 들으면서 하는 것을 권한다.

오감을 이용할 때 기억을 훨씬 더 잘할 수 있다는 사실을 강조한 사람 중 한 명은 일본 뇌과학의 일인자인 모기 겐이치로이다.

그는 자신의 저서인 〈뇌가 기뻐하는 공부법〉이란 책에서 기억을 잘하기 위해서는 다양한 감각을 활용해야 한다고 주장한 바 있다.

> "기억은 뇌의 대뇌피질에 있는 측두엽의 측두연합야라는 곳에 축적된다. 측두연합야는 오감(시각, 청각, 미각, 후각, 촉각)이나 행동 동기나 심리적 태도와 같은 여러 가지 기능, 즉 '모델리티(modality)'를 종합하는 부분이기도 하다. 이 측두연합야에는 한 가지 특성이 있다 여러 가지 모델리티를 이용하면 기억이 쉽게 정착된다는 점이다. 예를 들면, 영어를 머릿속으로만 읽지 말고 귀로 듣고 눈으로 보고 소리를 내서 읽고 손으로 쓴다. 이렇게 여러 가지 모델리티를 종합적으로 사용해서 외우면 훨씬 쉽게 기억을 저장할 수 있다."
>
> : 모기 겐이치로, 〈뇌가 기뻐하는 공부법〉, 95p.

암기할 때처럼 뇌를 최대한 사용해야 할 때는 오감을 총동원해서 다양한 채널을 통해 다양한 자극을 줄 필요가 있다. 이렇게 할 때 기억은 훨씬 더 강력하게 뇌에 각인되고 정착되어 오랫동안 뇌에 보관된다.

다양한 자극을 통해 다양한 뇌세포가 깨어나고 자극받으면 그만큼 기억을 잘 할 수 있을 뿐만 아니라 기억을 해내야 할 때도 기억을 잘 되살릴 수 있다.

또한, 오감을 자극할 때 기억력만 향상되는 것은 아니다. 집중력과 창의력 향상도 오감에 영향을 받는다는 사실을 캐나다 브리티시컬럼비아 대학교 연구팀의 연구 결과를 통해 알 수 있다.

〈사이언스〉지에 발표된 내용을 보면, 빨간색을 보면 집중력과 기억력이 향상되고, 파란색을 보면 창의력이 향상된다고 한다.

실험 참가자 600명에게 빨간색과 파란색의 배경 화면이 깔린 컴퓨터를 이용하여 여러 가지 검사를 했다. 그 결과 빨간색 배경 화면을 통해 시각을 자극한 그룹은 세부적인 것을 기억하거나 집중하는 능력이 뛰어나게 나왔다. 파란색 배경 화면을 통해 시각을 자극한 그룹은 상상력을 요구하는 창의력 부분이 뛰어나게 나옴을 발견했다.

이처럼 평범한 뇌를 천재의 뇌로 바꾸는 방법은 다양하다. 하지만 그중에서도 가장 좋은 방법은 앞으로 설명할 방법이라고 말하고 싶다. 바로 '완전하게 미치고 몰입하는 것'이다. 이 방법에 대해서는 이 책의 맨 나중인 '제6장. 대가가 되고 싶다면 뇌를 자극하라'에 설명해 놓았다.

공부의 신이 되고 싶다면, 업무의 달인이 되고 싶다면, 자신의 분야에서 대가가 되고 싶다면 이 부분을 꼭 읽어 보고 실천하기 바란다.

명상과 기도로 뇌기능을 향상시킨다

2006년 1월 23일자 하버드 대학교 학보에는 놀라운 기사가 실렸다. 기사의 내용은 명상을 하면 뇌가 바뀐다는 것이었다. 즉 명상하는 사람은 명상하지 않는 사람에 비해 뇌의 부피가 더 커진다는 것이었다.

하버드 의대 심리학 강사인 사라 라자 박사는 20명의 명상 경험자와 15명의 비명상자의 뇌 영상을 비교했다. 그 결과 명상한 그룹의 뇌의 두께가 더 두꺼워진 것을 발견했다.

이보다 앞서서 2005년 1월 3일자 〈워싱턴포스트〉지는 '명상이 뇌에 변화를 준다'는 제목의 기사를 실었다. 명상을 하면 뇌의 인지 기능이 향상되고, 문제 해결 능력과 주의 집중력이 좋아진다고 했다.

놀라운 사실 중의 하나는 명상뿐만 아니라 기도를 통해서도 우리의 뇌가 자극받고 바뀐다는 것이다. 그리고 그렇게 바뀐 뇌의 가장 큰 특징은 공부할 때 절대적으로 필요한 집중력을 매우 높게 향상시켜 준다.

앞서 기도나 명상이 세타파 활성화를 높인다고 말한 바 있는데, 뇌에서 방출되는 세타파의 양을 측정하면 시험 성적을 예측할 수도 있다.

이것은 동물 실험을 통해 확인된 바 있다.

〈착각하는 뇌〉의 저자인 이케가야 유지는 세타파에 관한 흥미로운 실험을 소개했다. 그 책에 소개된 실험은 '토끼의 반복 기억 실험'이었다. 2005년 9월 스티브 베리 박사가 토끼 실험을 통해 세타파의 효과를 입증한 것이다.

토끼에게 신호음이 울리면 공기를 눈에 불어 넣을 테니 눈을 감으라는 것을 반복을 통해 알려 준다. 이때 이러한 인과관계를 습득하는 것은 바로 학습 능력을 좌우하는 해마가 제대로 기능하는지 아닌지에 달려 있다.

젊은 토끼는 200번 정도 반복하면 이를 기억한다고 한다. 하지만 늙은 토끼는 800번쯤 해야 겨우 기억한다. 그런데 이 늙은 토끼조차도 세타파가 많이 나올 때는 젊은 토끼처럼 200번 만에 기억한다는 것이다.

이는 세타파가 학습 효과에 끼치는 확실한 영향을 말해 주며, 세타파와 학습 효과의 상관관계를 보여 주는 단적인 예시다. 세타파가 방출될 때, 뇌세포 사이의 연결 역할을 하는 시냅스의 학습과 반응이 잘 일어난다고 한다. 그래서 세타파가 나오는 잠자기 직전에 공부를 하면, 학습 효과가 오른다. 공부를 하면서 명상과 기도를 자주 하는 사람들은 뇌파를 세타파로 전환시키는 훈련이 저절로 되기 때문에 그렇지 않은 사람보다 주의 집중력이 훨씬 뛰어나다.

공부를 잘하려면 세타파가 잘 발산되는 뇌를 만들어야 한다. 특히 명상과 기도를 통해 세타파를 만드는 뇌 상태가 되면 많은 시간과 노력을 들여 끈기 있게 반복 학습을 하지 않아도 쉽게 학습 효과가 좋은 특별한 상태가 된다.

아직까지 어떤 파가 나올 때 인간의 정신 상태가 어떠하다는 과학적으로 인과관계가 정확히 규명된 연구는 찾아보기 힘들지만, '세타파가 많이 나오면, 시험 성적이 향상된다'는 것엔 과학적인 근거가 있다. 그리고 그러한 현상으로 인해 뇌파를 측정해서 세타파의 양을 측정하면, 시험 성적도 예측할 수 있는 것이다.

세타파와 관련하여 이케가야 유지는 나이가 들면 세타파의 발산 정도와 양이 변하지만 해마의 기능 자체는 나이가 들어도 쇠퇴하지 않고 젊은 사람과 동일한 능력을 발휘할 수 있다고 주장한다. 더 중요한 사실은 세타파는 타성에 젖어서 매사를 귀찮게 생각하는 사람들에게서 잘 나오지 않는다는 사실이다. 명상과 기도를 한다는 것은 타성에 젖어 체념하거나 그 어떤 것에 집착한다는 차원을 넘어서 한 차원 높은 사람이 된다는 것을 의미한다. 그런 점에서 명상과 기도를 통해 뇌의 상태를 공부하기에 최고의 상태로 전환시키는 것은 좋은 공부법이 아닐 수 없다.

2003년 8월 시사주간지 〈타임〉은 '명상 과학(the Science of Meditation)'이란 특집기사를 통해 명상의 효능을 뒷받침하는 의학적 근거를 소개한 적이 있다. 명상에는 뇌파를 변화시키는 효과가 있다. 그래서 깊은 명상에 빠지면 초능력 뇌파로 알려진 세타파가 두뇌를 지배하게 되고, 기억력과 집중력을 방해하는 베타파는 줄어든다. 또한 명상은 면역 체계를 강화하고, 두뇌 상태를 개선하는 효과가 있다고 언급했다.

〈명상으로 10대의 뇌를 깨워라〉라는 책을 보면 명상의 효과에 대한 과학적인 근거를 아주 많이 소개한다. 책의 저자는 명상하면 60분 걸릴 공부를 10분 만에 해낼 수 있을 만큼 뇌기능이 향상된다고 주장한다. 그리고 명상하면 공부가 잘되는 이유가 '뇌의 물리적 구조' 자체가 달라지기 때문이라고 한다.

미국 매사추세츠 대학과 매사추세츠 종합병원, 독일의 벤데르 신경영상연구소는 공동으로 명상의 효과에 대한 실험을 했다. 이들은 명상 경험이 전혀 없는 16명의 참가자들을 뽑아 날마다 27분씩 8주 동안 깊은 명상을 하게 했다. 그리고 명상 전과 명상 후 이들 16명의 뇌를 각각 자기공명영상(MRI)으로 촬영한 뒤, 그 변화를 분석했다. 그 결과, 학습과 기억을 담당하는 해마 영역과 자각과 자비와 자기반성을 담당하는 부위인 회백질의 밀도가 뚜렷하게 증가한 사실을 밝혀냈다.*

이처럼 명상이 주의력과 집중력, 기억력 등을 향상시킨다는 과학적 연구 결과는 차고 넘쳐난다.

---

* 이케가야 유지, 〈착각하는 뇌〉, 37p.

즐기는 것도 뇌를 훈련시킨다

'피할 수 없다면 즐겨라'라는 말이 한때 유행한 적이 있다. 그런데 이 말은 뇌과학적인 측면에서도 매우 좋은 말이다. 좋아하는 일을 하면 뇌는 활발하게 움직이고, 그 결과 일도 잘하게 되기 때문이다. 비록 자신이 하기 싫은 일이라도 피할 수 없을 때는 즐기면서 그 일을 하도록 의도하는 것이 현명한 선택이다. 그렇게 즐기면서 할 때 뇌는 활발하게 움직인다.

두뇌계발을 위한 두뇌 트레이닝에 저서로 일본에서 베스트셀러 작가가 된 가와시마 류타의 저서들은 닌텐도 DS 게임 소프트웨어 '매일매일 두뇌 트레이닝'의 기반이 되기도 했는데, 그는 자신의 저서를 통해 좋아하는 일을 할 때 뇌가 더 활발하게 움직인다고 다음과 같이 말했다.

> "좋아하는 일을 할 때와 싫어하는 일을 할 때, 뇌의 활약상은 차이가 난다. 같은 일을 하더라도 싫어서 마지못해 하는 일은 뇌가 제대로 작동을 하지 않는다. 반면에 의욕적으로 일을 하면 뇌의 움직임은 배로 된다. 사용하는 장소는 같아도 의욕에 따라 그만큼 많이 쓸 수가 있다. 어차피 해야 하는 일이라면 찡

그리지 말고 적극적으로 하는 쪽이 낫고, 가능한 좋아하는 일을 하는 게 정답일 것이다."

: 가와시마 류타, <5분 활뇌법>, 183p.

공부를 잘하는 공부의 신 중 공부하는 것을 즐기지 않고 좋아하지 않는 사람은 없다. 즉 싫어하고 마지못해서 하는 공부와 흥미를 갖고 즐겁게 즐기면서 달려들면서 하는 공부는 뇌의 입장에서 전혀 다른 분야가 될 수 있다.

바로 이러한 뇌의 특성과 장점을 잘 이해해야 하는데, 수천 년 전의 현인인 공자는 이러한 사실을 잘 알았던 것 같다.

'子曰, 知之者不如好之者, 好之者不如樂之者(많이 아는 사람도 좋아하는 사람을 이길 수 없고, 좋아하는 사람은 즐기는 사람을 이길 수 없다).'

<논어>에 나오는 이 말처럼, 노력하는 자는 즐기는 자를 절대 이길 수 없다. 그것은 인간이 즐길 때 가장 큰 성과를 창출해 내는 존재이기 때문이다.

예술과 과학을 비롯해서 모든 분야에서 대가가 된 사람들의 가장 큰 특징 중 하나는 자신이 하는 일을 평생 즐겼던 사람들이라는 것이다.

앨버트 마이컬슨은 1907년 미국인으로서는 최초로 노벨물리학상을 받았다. 그는 운동하는 매질(媒質) 속에서의 광속 문제를 다루고 E. W. 몰리와 협력하여 마이컬슨몰리의 실험을 실시하여 빛을 전하는 에테르는 매질의 속도와 관계가 없음을 밝혔다.

그리고 계속해서 에테르에 대한 지구의 상대운동을 검출하는 실험을 간섭계를 사용하여 실시하여 독특한 결과를 밝혀내기도 했다. 이것은 후에 아인슈타인의 상대성이론의 길을 열어 주는 결정적인 계기가 되기도 했다. 그는 만년에는 광속의 정밀 측정에 종사하여 정밀하게 빛의 속도를 측정하는 방법을 고안하는 한편, 천체 관측에도 관심을 기울여 목성의 위성의 지름도 측정하였다. 나이가 들어도 편안하게 쉬는 삶을 선택하지 않고 억척스럽게 자신의 에너지와 시간을 쏟아부으면서 전력을 다해 연구를 해 나갔다. 누군가가 그에게 왜 그렇게 열심히 하느냐고 묻자 그는 이렇게 말했다.

"너무 재미있거든!"

그의 말처럼 자신의 일을 즐기는 사람을 절대 당할 수 없다. 즐기는 것은 뇌에게 좋은 자극과 압박을 주고, 그것은 뇌가 잠자던 세포들을 깨워 천재성을 발휘해 내게 한다.

천재들이 모두 이렇게 즐김으로써 더욱 천재성을 발휘해 냈다는 사실은 〈생각의 탄생〉이란 책에서도 쉽게 발견할 수 있다.

"내가 하는 일은 놀이에 가깝다. 내가 빈둥거리며 소일을 하는 것 같지만, 거기엔 반박할 수 없는 확실성이 있다. 이를테면 고의적으로 2차원과 3차원, 다시 말해 평면과 공간을 뒤섞어 보는 일이라든지 중력을 무시하는 일은 크나큰 기쁨이다.

'바닥이자 천장'이 있다는 것을 진정 믿을 수 있는가?

계단을 걸어 올라갈 때, 실제로는 올라가면서 내려오고 있다는 것을 깨달을 수 있는가? 절반의 계란이 절반의 빈 껍질이 아니라는 것은 사실인가?"

: 로버트 루트번스타인, <생각의 탄생>, 337p.

위대한 인물들 중에 자신의 일을 즐겁게 생각하지 않은 인물이 과연 있었을까? 필자는 절대 없었을 것이라고 생각한다. 자신의 일을 즐긴 이들의 주장을 살펴보면 이러한 사실에 동조하지 않을 수 없다.

"내가 하려는 일이 핵물리학의 발전에 얼마나 기여하는가는 중요치 않다. 문제는 그 일이 얼마나 즐겁고 재미있느냐다."

: 리처드 파인만

"나는 미생물을 가지고 논다네. 어느 정도 이 놀이에 익숙해지고 나서 그 규칙을 깨뜨려 보면 다른 사람들은 생각조차 못한 새로운 것을 알아낼 수 있지."

: 생물학자 알렉산더 플레밍

"나의 작업은 예술이 아니라 놀이에 가깝다."

: 화가 모리츠 에셔

"내가 하는 모든 일은 즐겁기 때문에 하는 것이다. 다른 사람의 일을 하면서 그것을 그만둘 수 없는 사람은 불행한 사람이다. 세상의 위대한 업적을 이룬 사람은 사실 위대한 놀이를 완성한 사람이다. 자신이 견뎌 내야 하는 지겨운 노역 밑에서 신음하고 힘들어 하는 사람들은 그 어떤 위대한 업적도 이룰 수 없다. 손과 두뇌에게 영혼이 고용당한 상황에서 어떻게 위업을 이룰 수 있겠는가? 노예가 만들어낸 작품은 지적으로든 물질적으로든, 위대한 것이 될 수 없다."

: 마크 트웨인

이 마크 트웨인의 말처럼 세상의 위대한 업적을 이룬 사람은 바로 위대한 놀이를 했던 사람들이고, 위대한 놀이를 완성한 사람들이다.

〈즐겨야 이긴다〉의 저자인 앤드류 매튜스는 자신의 저서를 통해 모든 성공과 행복은 궁극적으로 당신의 태도에 달려 있다고 주장했다.

"천재는 노력하는 사람을 이길 수 없고, 노력하는 사람은 좋아하는 사람을 이길 수 없으며, 좋아하는 사람은 즐기는 사람을 이길 수 없다고 했다. 인생의 성공과 행복은 궁극적으로 당신의 태도에 달려 있다. 자기 자신을 바라보는 태도, 일이나 목표를 바라보는 태도, 실패, 즐거움, 고통 그리고 인생이라는 수수께끼를 대하는 태도 같은 것 말이다."

: 앤드류 매튜스, <즐겨야 이긴다>, 8p.

이렇게 삶을 결정짓는 태도 중 가장 유익하고 좋은 태도는 결국 인생을 즐기는 것이고, 자신의 일을 즐기는 것이라고 할 수 있다. 즐기는 태도가 중요한 이유는 즐기는 것이 뇌를 가장 많이 움직이도록 만드는 촉진제가 되기 때문이다.

좋은 압박이 도파민을 분비시킨다

〈뇌가 기뻐하는 공부법〉의 저자인 모기 겐이치로 박사는 성취감이나 기쁨 같은 즐거운 압박이 그 행동을 강화시켜 대가에 이르게 한다고 피력한 적이 있다.

> "인간의 뇌는 어떤 행동을 한 뒤에 뇌 속에서 '대가'를 상징하는 물질이 방출되면 강화되는 성질을 가지고 있다. 즉 대가를 받아 기쁨을 실감할 수 있었던 행동을 재현해서 그 기쁨을 반복하고자 한다. 그 결과 그 행동이 숙련된다. 그 열쇠를 쥐고 있는 것이 바로 '도파민'이라는 물질이다."
>
> : 모기 겐이치로, 〈뇌가 기뻐하는 공부법〉, 13~14p.

여기서 말하는 것처럼 뇌 속에서 '대가'를 상징하는 물질은 바로 도파민이다. 그리고 그 '대가'라는 것은 무엇인가를 성취할 때 느끼는 성취감이나 다른 이들에게 듣는 칭찬, 혹은 그 과정을 통해 스스로 얻는 몰입감, 기쁨 등에서 발생한다.

도파민이 많이 방출될수록 학습 효과가 향상되는 이유는 뇌과학적인 측면에서 우리가 학습이라고 부르는 것이, 결국 본질상 뇌 속에서 신경세포들의 연결 방식이 달라지는 것, 즉 뇌회로가 변하는 것을 의미하기 때문이라고 할 수 있다.

이런 측면에서 〈책 읽는 뇌〉의 저자인 매리언 울프는 독서는 인류에게 주어진 선천적인 능력이 아니라 뇌조직을 재편성하고 연결 방식을 다르게 하여 사고 능력을 확대시켜서 가능해진 능력이라고 말한다.

"독서는 뇌가 새로운 것을 배워 스스로를 재편성하는 과정에서 탄생한, 인류의 기적적인 발명이다."

그의 이 말처럼 우리의 뇌는 새로운 것을 배움으로써 뇌 속의 신경세포들의 연결 방식을 다르게 만든다. 그것이 바로 인간에게 학습 능력이 있다고 말하는 가장 중요한 이유인 것이다.

"이처럼 스스로 형태를 바꾸거나 편성을 달리함으로써 다양한 명령을 수용하는 시스템을 컴퓨터 과학자들은 '오픈 아키텍처(Open Architecture)'라고 부른다. 사람의 뇌는 유전적 자원이 제한되어 있음에도 훌륭한 오픈 아키텍처의 예가 된다. 그러한 설계 덕분에 우리는 태어날 때부터 자연으로부터 받은 것을 변화시키고 뛰어넘도록 프로그래밍 되어 있다. 그런 의미에서 인간은 유전적으로 혁신에 적합한 존재라고 할 수 있다."

: 매리언 울프, 〈책 읽는 뇌〉, 17~18p.

그렇다면 이러한 변화가 강력하게 일어나고 잦을수록 더 학습 효과가 클 수밖에 없다. 도파민이 방출되면 될수록 자꾸 더 하고 싶어지게 만들어 그 행동을 반복하게 되는 것이다.

마약이나 도박에 중독된 사람들은 이 도파민이 지나치게 방출되어 그런 짜릿함에서 벗어날 수 없게 된 것이다. 하지만 이러한 중독은 삶을 망친다. 반면에 공부를 통한 지적 쾌감을 충족할 때 얻는 짜릿함은 인생을 살리고 자신을 더 나은 존재로 향상시키는 좋은 중독이다.

그런데 마약이나 도박에 중독되기는 쉬운 반면, 도파민을 많이 분비하는 것은 누구에게나 쉬운 일이 아니다. 바로 이런 이유에서 누구나 공부에 쉽게 재미를 붙이지 못하는 것이다.

도파민을 잘 분비하기 위해서는 뇌에 적절한 압박을 가해야 한다. 그러한 적절한 압박 중에서 가장 대표적인 압박이 적절한 난이도의 과제나 공부를 하는 것이다.

너무 쉬운 과제나 공부를 할 때 뇌는 흥분을 잃고, 반대로 너무 어려운 과제나 공부를 할 때는 흥미를 상실한다. 그래서 적절한 수준의 과제나 공부를 해야 일종의 성취감을 느끼면서 흥미도 잃지 않은 채로, 적당한 흥분을 할 수 있다.

"도파민이 분비되는 때는 '너무 쉽지도 않고 너무 어렵지도 않은' 과제나 문제에 몰두하는 순간이다. 단순한 문제만 풀 때는 긴장감이 없어 금방 질리게 된다. 반대로 자신이 감당할 수 없는 어려운 문제와 씨름해봤자 어디서부터 해결

해야 할지 알 수가 없으므로 공부 자체가 싫어진다.

하지만 난이도의 기준은 일정하지 않고, 같은 사람이라도 그때그때의 몸 상태나 상황에 따라 바뀌게 마련이다. 따라서 뇌에 최적의 부담을 주려면, 자신의 몸이나 뇌가 어떤 상태인지 정확하게 파악해서 거기에 맞게 난이도를 조절해야 한다."

: 모기 겐이치로, <뇌가 기뻐하는 공부법>, 140p.

공부를 잘하는 사람은 자신에게 가장 좋은 압박을 주는 정도를 잘 안다. 그렇기 때문에 공부를 잘하는 사람은 모두 자기 나름대로의 공부 방법과 전략을 가지고 있다. 공부의 신들이 가진 자기만의 공부 방법은 결국 자기 자신의 뇌를 가장 잘 압박하여 도파민을 잘 분비시키는 공부 방법이라고 말할 수 있다.

학교 교육과 세상의 섣부른 평가, 편협하고 잘못된 평가로 인해 우리 대부분은 스스로 천재가 될 수 있는 방법을 점점 잊어버리고 평범한 사람이 되는 방법만을 익히게 되었다. 평범하다는 것은 도파민을 분비해내는 방법, 뇌를 가장 잘 자극하고 압박하는 방법을 잊어버렸다는 의미이다. 그리고 이 말이 의미하는 것은 우리가 그것을 되찾기만 하면 언제든 다시 천재가 될 수 있다는 의미이다.

그럼에도 '적당한 강도의 공부'라는 비밀을 알지 못하기 때문에 한국인들이 그렇게 지능지수가 높음에도 학문 분야에서 노벨상 수상자가 나오지 않는 것이다. 공부가 놀이나 즐거운 것이라고 생각하는 사람이 매우 적기 때문이다.

해외에 눈을 돌려 노벨상을 수상한 과학자나 학자들을 살펴보면, 모두 공부가 너무 재미있다고 말한다. 재미가 있어야 도파민이 생성되고, 그 결과 강화학습이 일어나고, 학습 효과가 극대화된다. 한국의 학생들은 모두 공부에 대해 나쁘다는 인상과 힘겨운 심적 압박을 받기 때문에 그것이 도파민의 분비를 방해하고, 그 결과 대학시절에 배운 것도 졸업하는 순간에 다 잊어버린다. 외국 학생들이 한국 학생들이 대학 시절에 배운 것을 잘 기억하지 못한다는 것을 매우 이상하게 생각한다는 것을 아는가?

외국 학생들은 대학에 입학하고, 대학 공부를 하는 것에 관심이 많고, 그 일에 재미와 즐거움을 느낀다. 그래서 대학을 졸업하고 오랜 시간이 지나도 대학교에서 배운 것들을 좀처럼 잊어버리지 않는다. 그래서 그들은 지능지수가 낮아도 노벨상을 수상할 만큼 학업적인 부분에서 큰 성취를 이룬다.

공부의 신이 되는 가장 좋은 방법은 공부를 좋아하고 즐기고 기쁨을 느끼는 방법을 찾는 것이다. 그렇게 할 때 도파민이 가장 잘 분비되기 때문이다.

목표를 설정하는 것도 좋은 방법이다

~~~~~~

좋은 압박을 줄 때 도파민 분비가 향상되는 것과 같은 맥락에서, 목표 설정 역시 뇌에 좋은 압박을 가할 수 있다.

아무 목표도 없이 살아가는 사람이 목표를 가지고 활기차게 살아가는 사람보다 더 무미건조하고 재미없고 지루한 삶을 사는 이유도 뇌의 측면에서 설명할 수 있다.

아무 목표나 도전 과제 없이 하루하루 시간을 보내면 뇌는 흥미를 상실한다. 그래서 자신의 능력을 최대한 발휘하지 못함은 물론 삶 그 자체에 흥미를 잃는다. 반대로 삶의 목표가 뚜렷한 사람은 자신의 능력을 최대한 발휘해 내며, 힘들고 어려운 순간에도 그것을 잘 극복하고 훌륭하게 대처해 나간다. '삶의 목적을 갖고 있는 사람은 어떤 식으로든 견뎌낸다'라는 니체의 말이 틀리지 않았다고 생각하는 이유가 바로 여기에 있다. 목적이 있을 때 뇌는 더욱 강해질 수밖에 없다.

그리고 뇌가 강해질수록 삶도 강해진다. 이와 마찬가지로 공부할 때도 그저 하는 것보다 확고한 목표를 가질 때 더 잘할 수 있다. 목표가 있으면 일단 뇌가 도전 의식을 갖고 그로 인해 더 흥분하고 분발하기 때문이다.

쉽게 해내는 작고 쉬운 목표를 가지고 그것을 해낸다면, 뇌는 그 어떤 기쁨도 열광도 느끼지 못할 것이다. 그렇기 때문에 현재 자신의 힘으로 해낼 수 없지만 최고로 열심히 한다면 해낼 수 있는 목표를 설정하면, 그 목표가 어렵고 힘든 것일수록 그 일을 해냈을 때 느끼는 기쁨과 성취감, 희열은 뇌를 자극하기에 충분한 것이 된다.

결론적으로 말하면, 뇌는 좋은 압박이 주어지고 그것을 활용하여 불가능하게 보이는 것에 도전하고, 그 도전에 성공했을 때 가장 큰 기쁨과 희열을 느끼는 메커니즘, 특성을 가진다.

즉, 조금 해내기 어려운 목표일수록 뇌를 자극하고 좋게 압박할 수 있다. 불가능한 목표를 설정하고 그것을 성취하기 위해 도전할 때 설명할 수 없는 묘한 기쁨과 희열을 느끼는데, 그것이 일종의 대가로 돌아온다. 앞서 말한 대가인 도파민이 그럴 때 분비되고, 학습의 성과는 극대화된다. 이것은 공부에만 제한되는 원리가 아니다. 모든 일에 적용되는 보편적인 원리이다. 모든 일은 뇌의 작용을 통해 일어나기 때문이다.

"작은 계획을 세우지 말라. 작은 계획에는 사람의 피를 끓게 하는 마법이 없다. 큰 계획을 세워라. 희망을 갖고 높은 목표를 정하고 노력하라."

대니얼 허드슨 번햄이 이 말을 한 것도 같은 맥락이다. 피를 끓게 하는 마법이란 바로 뇌에 흥분과 자극을 주는 목표의 설정에서 온다. 시시하고 작은 목표는 있어 봤자 아무 효과가 없다.

'그대, 진짜로 한번 살아볼 텐가?

지금, 이 순간을 붙잡아라.
그대가 할 수 있는 일, 꿈,
마음을 넓게 먹고 시작하라.

담대함에는 재능과 힘과 마법이 있다.

그러므로

다만 뛰어들라. 마음 더욱 뜨거워지리니.
시작하라, 일은 마무리 되리니.'

　　괴테의 이 말 또한 담대하게 도전할 때 우리의 뇌가 자극받고, 마음이 뜨거워짐으로써 뇌에서 도파민이 분비되고, 그 결과 자신의 능력을 뛰어넘는 힘과 재능을 맛볼 수 있다는 것을 멋지게 표현하고 있다.

　　목표가 담대하고 위험하고 클수록 뇌는 자극받고 흥분하고 희열을 느낀다. 그렇기 때문에 좋은 목표를 가지면 우리는 눈빛부터 달라진다. 흥미를 느끼는 것을 접할 때, 우리의 눈빛이 달라지고 눈이 커지는 것은 우리의 뇌가 자극받고 흥분했다는 것을 의미한다. 공부한 양에 비해 성적이 좀처럼 오르지 않는 학생들의 가장 큰 문제는 뇌가 지쳐 있거나 잠자는 상태에 있기 때문이다. 그러한 뇌를 깨우고 활력을 불어넣는 것이 바로 뇌 압박법이다.

상상만 해도 가슴이 뛰는 담대한 목표를 설정하면 그것이 동기를 부여한다. 동기 부여를 통해 뇌는 잠에서 깨어나 다시 활력을 찾고 즐겁게 공부하도록 한다. 그래서 동기 부여가 된 학생은 공부를 즐겁게 하고, 또 잘하게 된다. 공부가 잘되면 기분이 덩달아 좋아진다. 그렇게 뇌는 더욱 활성화되고, 선순환한다.

〈하루 10분의 기적〉이라는 책을 보면, 우리의 뇌가 일으키는 놀라운 결과를 다룬다.

"뇌의 맨 앞쪽에는 전두엽이 있다. 전두엽은 고도의 인지, 학습과 관련된 부위로 동기 부여에 관여해 계획, 성격, 행동, 감정 그리고 학습 등을 조정한다. 특히 기분, 우울증, 조증과 같은 정서와 깊이 관련되어 있는데, 학습 때 이 부위의 활성도가 높아진다. 전두엽 옆에는 옳고 그름을 판단하고 추상적인 사고를 할 수 있도록 도와주는 측두엽이 있다. 측두엽은 귀에 가까운 부분으로 소리와 기억을 담당한다. 기억하는 뇌가 활발하게 움직이고 동기 부여가 확실하면 공부도 잘된다. 공부가 잘되면 기분이 좋아져 뇌가 활성화된다.

전두엽은 측두엽과 연결되어 있다. 그렇기 때문에 동기 부여가 확실한 학생이 계획에 따라 즐겁게 공부하면 대뇌 기능이 좋아진다. 마지못해 책상 앞에 앉아 있는 학생보다 공부를 잘할 수밖에 없는 것이다. 반면 동기 부여가 되지 않아 즐거움이 없는 뇌와 기억하려는 의지가 전혀 없는 뇌는 결국 학습의 고통을 악

순환할 뿐이다."

: KBS 수요기획팀, <하루 10분의 기적>, 20~21p.

이처럼 담대한 목표를 설정하여 스스로 동기 부여를 해 뇌를 자극하면 훨씬 더 공부를 잘하게 된다. 마지못해 목적도 없이, 목표도 없이, 동기 부여도 되지 않은 채로 공부하는 것보다는 목표를 설정하고, 그것을 자꾸 되새기면서 공부하는 쪽이 훨씬 더 효과적인 것이다.

공부에 의욕을 상실하여 공부를 시작하기 힘든 경우라면 목표를 설정하고 동기 부여하는 것이 필요하지만, 그것도 여의치 않아 공부에 대한 의욕도 목표도 스스로 제공하기 힘든 경우라면, 그래서 공부를 시작하기 힘들다면 작은 보상을 주어야 한다.

뇌는 보상에 쉽게 흥분한다. 그리고 우리의 행동과 의식에도 쉽게 반응한다. 그래서 우리가 우울할 때, 웃고 싶은 마음이 없을 때조차도 일부러 웃으면 그 얼굴 근육의 움직임에 의해 뇌가 움직인다. 그 결과 뇌는 흥분하고, 우리 몸과 마음에 웃음이라는 지령을 내린다. '행복해서 웃는 것이 아니라 웃기 때문에 행복해진다'라는 심리학자 윌리엄 제임스의 '안면 피드백 이론(Facial Feedback Theory)'에 필자는 100% 동조한다. 감정을 주관하는 대뇌의 감정중추가 표정을 관장하는 운동중추와 매우 인접해 있어서 표정에 따라 기분이 달라지는 것이다. 이러한 원리를 공부에도 이용해 보자는 것이 필자의 생각인 것이다.

의욕조차 없을 때 공부를 해내는 방법은 일단 5분만 공부하자는 가벼운 마음으로 5분 동안의 공부를 시작하는 것이다. 그렇게 5분 동안 공부하는 과정에서 공부하는 자신의 몸 상태와 정보가 뇌의 측좌핵으로 보내진다. 뇌의 측좌핵은 이러한 자극을 통해 조금씩 깨어나고, 이것은 측좌핵과 긴밀히 이어진 전두연합야와 해마, 시상하부, 감정을 좌우하는 편도핵을 차례로 자극하고 깨운다. 결국 없던 의욕이 생겨나고, 공부를 지속한다. 뇌과학에서는 이러한 연쇄 반응을 '작업 흥분'이라고 부르기도 한다.

물론 목표를 설정하고 동기 부여를 통해 이러한 일련의 과정 없이 더 강력한 공부 모드를 만드는 것이 훨씬 더 좋지만, 이도 저도 안 될 경우 공부할 수 있는 방법이 '5분만 공부해 보자', 즉 '일단 시작해 보자'라는 것임을 명심하자.

〈초시간 뇌〉의 저자인 토마베치 히데토는 자신의 저서를 통해 동기가 낮을 경우 문제 해결력이 낮아질 뿐만 아니라 하지 않게 된다고 말한다. 이와 반대로 동기가 높을수록 더 빨리 문제를 해결하고 업무를 처리해 낸다고 말한다.

"어떤 일을 하는 사람이 문제를 해결하겠다는 동기가 높지 않으면 인간의 뇌는 '창조적 회피'의 방향으로 활성화된다. 바쁠 때일수록 방 청소가 하고 싶어진다고 말하는 사람이 있다. 그것은 눈앞에 놓여 있는 일이 너무 벅차기 때문에 그런 현실에서 도피하려고 뇌가 '방이 깨끗해지면 좋은 아이디어가 떠오를 지도 모른다'는 논리를 구축하고 청소를 하도록 명령을 내리는 것이다. 창조적 회피가 활발히 작용할 때, 뇌는 그 상황에서 도망칠 수 있는 이유만을 집중적으로 생각하기 때문에 일 처리 속도는 뚝 떨어질 수밖에 없다. 일 처리 속도를 높이기 위해서 우리들은 '어떻게 동기를 높이는가?'라는 문제에 대해 매우 진지하게 생각하지 않으면 안 된다. 동기가 높아져서 의욕적일 때는 인간의 뇌도 활성화되어 '클럭사이클', '병렬도', '그레인사이즈'도 다 같이 높아진다."

: 토마베치 히데토, <초시간 뇌>, 129p.

목표 설정이라는 큰 동기가 부여될 때, 공부를 하거나 문제를 풀거나 일을 할 때의 속도가 더 빨라지고 집중도도 오른다. 이것이 뇌를 잘 활용하는 비결인 것이다.

시간 제한도 좋은 뇌 압박법이다

~~~~~~~~~~~~~~~~~~~~~~~~~~~~~~~~~~~~

모기 겐이치로는 뇌가 기뻐하는 공부법 중 하나로 '시간 압박'을 든다. 그는 시간 제한을 두고 공부할 때, 그냥 하는 것에 비해서 더 많은 공부를 하며 뇌를 기쁘게 할 수 있다고 말한다.

"내가 권하고 싶은 것은 '뇌가 기뻐하는 공부법'의 두 번째 비법인 '타임 프레셔(time pressure)'다. 간단히 말하면 자신의 작업에 제한 시간을 두는 것이다. 초등학교 수업 시간에 선생님이 수학 문제를 내면, 먼저 푼 학생부터 선생님 앞으로 들고 가곤 했다. 아이들은 게임을 하듯이 즐거워했고, 선생님한테 먼저 가지고 가려고 필사적으로 문제를 풀었다.

이것은 내가 처음으로 경험한 '타임 프레셔'였다. 다른 사람보다 빨리 문제를 풀려고 노력하면 뇌에 부담을 주게 된다. 제일 먼저 선생님한테 가지고 갔다면 그것은 성공 체험이다. 그러면 뇌에서 도파민의 분비가 촉진되어 그 다음에는 더 짧은 시간 안에 풀려고 노력하게 된다. 이러한 체험이 쌓이다 보니 어느 시기부터는 자발적으로 '타임 프레셔'를 주면서 공부하게 되었다."

: 모기 겐이치, <뇌가 기뻐하는 공부법>, 50~51p.

그는 타임 프레셔로 뇌의 지속력을 단련시킬 수 있다고 말한다. 공부할 때, 시간 제한이라는 일종의 압박을 통해 뇌를 자극하고 부담을 주고, 그러한 부담과 자극을 능동적으로 공부를 통해 극복하면서 성취감과 기쁨, 묘한 희열을 느끼면 그러한 상태를 반복하고 싶어진다는 것이다. 그러면 자꾸 공부가 하고 싶고 그 결과 공부를 지속하게 된다. 평생 공부하는 학자들의 경우, 바로 이런 메커니즘에 익숙해진 경우라고 할 수 있다.

습관이 형성된다는 것은 결국 뇌 속의 이러한 메커니즘이 반복되어 습관화되는 것을 말한다. 공부 역시 일종의 습관이다. 그래서 공부가 습관이 되면 정신적인 부담이나 육체적인 에너지 소모가 적은 상태에서 공부를 지속적으로 해 나가게 된다.

무엇인가가 우리에게 습관으로 형성되기 위해 가장 큰 도움이 되는 것은 우리가 무엇인가를 하거나 달성했을 때 느끼는 즐거움과 쾌감, 바로 그때 우리 뇌 속에서 분비되는 신경전달물질이다.

기쁨과 즐거움, 성취감과 신선함 같은 좋은 압박을 통해 도파민이나 세로토닌 같은 신경전달물질들이 좋은 기분을 더욱 오래 유지하고자 하는 본성으로 뇌 속에서 분비되고, 이것이 일종의 뇌의 보상 체계 메커니즘으로 자리잡아 반복적으로 이루어지는 것이다.

바로 이러한 반복이 습관의 토대가 되는데, 뇌과학에서는 이러한 현상을 '강화 학습'이라고 말한다. 결국 강화 학습이란 뇌의 독특한 보상 체계에 의해 뇌 속에서 일어나는 재학습 메커니즘이라고 할 수 있는 것이다.

공부를 잘해 칭찬받거나, 몰랐던 것을 알게 될 때 우리 뇌에서는 보상 메커니즘이 가동되고, 그 결과 도파민이라는 쾌락 물질이 분비되어 쾌감을 더 느끼며 스스로 자축하고, 보상하게 된다. 그래서 그러한 경험을 또 가지려고 한다. 그래서 공부를 통해 칭찬받은 경험이 많은 아이일수록 공부하는 것을 좋아하게 되고, 공부를 잘하게 되는 것이다.

공부할 때 시간 제한을 두는 것도 이와 같은 보상 체계를 강화시키고 활용하는 방법이다. 시간 제한을 통해 뇌는 흥분하고, 그 시간 안에 공부를 마치면, 칭찬받거나 몰랐던 것을 깨닫는 지적 희열 등을 통해 보상의 희열을 느낀다.

그것을 우리가 잘 알기 때문에 시간 제한을 두고 무엇인가를 할 때, '이번에는 잘해 봐야지'라는 도전 의식을 느끼고, 알게 모르게 무의식적으로 성취감, 쾌감, 희열을 또 한 번 맛보기 위해 공부에 몰두한다. 이때 뇌 역시 이러한 상황을 도와주기 위해 공부하는 최적의 뇌 상태를 만드는 신경전달물질인 세로토닌을 분비한다. 뇌 역시도 스스로 보상을 받고 싶고, 그런 상태를 또다시 경험해 보고 싶은 것이다.

맛있는 음식을 볼 때 자동으로 입속에서 침이 나오는 것도 뇌의 독특한 보상 체계와 밀접한 관련이 있다. 공부를 그냥 할 때보다 시간 제한을 두고 할 때, 공부를 더 잘하게 되는 이유는 맛없는 음식인 공부를 보기만 해도 입에서 침이 흐르는 맛있는 공부로 뇌가 인식하게끔 하는 효과가 있기 때문이다.

KBS 수요기획팀의 〈하루 10분의 기적〉이라는 책에서는 이를 다음과 같이 설명하기도 한다.

> **"공부하는 데 최적의 뇌 컨디션을 만들어 주는 호르몬은 '세로토닌'이라는, 이른바 '공부 호르몬'이라 할 수 있다. 시간 제한을 둔 공부는 뇌를 활성화시켜서 뇌의 컨디션을 최적으로 만들어 세로토닌을 분비한다."**
>
> : KBS 수요기획팀, 〈하루 10분의 기적〉, 52p.

KBS 수요기획팀은 초등학생들을 대상으로 10분이라는 시간 제한을 두고 40개의 들꽃 이름을 외우게 했고, 다른 팀은 시간 제한을 두지 않고 그냥 외우도록 했다. 그런데 그 결과, 시간 제한을 둔 그룹의 아이들은 총 30개의 들꽃 이름을 외웠고, 그렇지 않은 그룹은 17개를 외웠다. 더 놀라운 사실은 이들의 뇌파를 측정해 보았더니 시간 제한이 없는 그룹의 아이들은 집중력이 계속해서 떨어진 반면, 시간 제한을 둔 그룹의 아이들의 집중력은 계속해서 유지되었다.

결론은 시간 제한이라는 강한 동기를 부여한 상태에서 공부할 때 우리의 뇌는 그 시간 안에 공부를 해내고야 말겠다는 도전과 자극을 통해 스스로 뇌에서 신경전달물질을 분비하여 더욱 그 상황에 몰입하게 한다는 것이다. 시간 제한을 두고 공부하는 것이 뇌로 하여금 최상의 컨디션으로 공부하도록 만들어 주는 이유 중의 하나는 뇌가 항상 자극적이고 고통스러운 압박 상태를 좋아하기 때문이다. 압박이 클수록, 그것을 이겨냈을 때 뇌가 더 큰 짜릿함을 느끼기 때문에 시시한 공부보다는 짜릿한 쾌감을 주는 공부를 선호하게 된다. 시간 제한은 그 쾌감을 선사하는 좋은 방법이다. 한마디로 시간 제한은 뇌의 다양한 측면을 공략하는 좋은 뇌 압박, 뇌 단련법이기 때문에 무엇을 하더라도 반드시 활용해야 할 방법이 아닐 수 없다.

많은 사람은 많은 시간을 두고 무엇인가를 했을 때 그것이 좋은 작품이 될 것이라고 생각한다. 하지만 이것은 잘못된 생각이다. 시간을 아무리 많이 준다 해도 질 좋은 작품이 나오는 것은 절대 아니다. 왜냐하면 뇌가 가장 잘 활성화되었을 때 가장 좋은 작품을 만들 수 있는 데, 많은 시간이 주어질 경우 오히려 뇌가 나태해질 수 있기 때문이다.

이러한 사실을 잘 설명해 주는 연구 결과가 있다.

어떤 대학교 졸업반 학생들을 두 그룹으로 나누어, 한쪽 학생들에게는 졸업 시험으로 졸업 작품을 한 점만 만들어 오라고 주문했다. 물론 그 작품을 가지고 졸업 성적을 매기고, 졸업 여부를 결정하기 때문에, 최고의 작품성과 수준 높은 작품이어야 한다고 했다. 주어진 기간은 6개월이었다. 그리고 다른 그룹의 학생들에게는 졸업 시험으로 졸업 작품 100점을 만들어 오라고 했다. 작품성이나 작품의 수준보다는 100점을 채워 오면, 졸업 시험에 무조건 합격시켜 준다는 조건을 달았다. 주어진 기간은 물론 동일하게 6개월이었다.

앞 그룹은 6개월 동안 하나의 작품만 만들면 된다. 그래서 여유가 많고 시간 압박이 없다. 하지만 다른 그룹은 6개월 동안 100점을 만들어야 한다. 한 달에 17점이다. 이틀에 한 점씩 만들어야 하는 것이다. 엄청난 시간 제한과 압박이 존재한다.

과연 어떤 그룹에서 최고의 작품이 많이 나올까?

여러분은 어느 쪽의 학생들이 훨씬 더 우수하고, 수준 높은 작품을 제출할 수 있었다고 생각하는가? 6개월 동안 오직 멋진 한 작품을 만든 그룹의 학생들이 더 질 좋은 작품을 만들었을까? 아니면 같은 기간 동안 100점을 만들면 졸업하는 학생들이 더 질 좋은 작품을 만들었을까?

아마 많은 사람이 전자의 학생들이 훨씬 더 질 좋은 작품을 만들었을 것이라고 생각할 것이다. 하지만 결과는 우리의 예상을 완전히 뒤엎었다. 가장 질 좋은 작품들이 많이 나온 그룹은 아이러니하게도 100점의 작품을 제출한 그룹이었다. 그것도 한 학생이 제출한 100점의 작품 가운데 상당수가 수준 높은 작품들이었던 반면에, 오직 한 작품만 제출하도록 했던 그룹의 학생들은 그 한 작품마저 수준이 떨어지는 작품들이 속출하는 현상을 빚었다.

이러한 연구 결과를 통해 알 수 있는 것은 시간이 무조건 많이 주어진다고 해서 좋은 작품이 나오는 것은 아니라는 것이다. 좋은 작품이 나오기 위해서는 뇌가 자극받고 자신의 역량을 총동원하는 환경이 우선 조성되어야 한다. 그래서 예술가들이 무엇인가에 홀리고 신들린 것처럼 작품을 창작할 때 위대한 작품이 나오는 것이다.

필자 역시도 이러한 소중한 경험을 한 적이 있다. 회사에서 열심히 일하던 입사 3년 차의 일이다. 이제 어느 정도 일을 다 배우고, 혼자서 거뜬히 상품을 기획하고, 개발할 때였다.

느닷없이 6시그마 전문가가 되기 위한 교육을 받고, 프로젝트도 하라는 지시가 떨어졌다. 문제는 일은 일대로 하면서, 6시그마 전문가 교육과 프로젝트를 병행하라는 것이었다.

우여곡절 끝에 6시그마 교육을 다 받고, 전문가 시험에도 합격했다. 이제 남은 것은 프로젝트 완수였다. 그런데 설상가상으로 6시그마 프로젝트 경연 대회에 정보통신사업부 대표로 참여하라는 지시가 내려왔다. 시간은 2주밖에 남지 않았다. 반도체사업부나 가전사업부 등과의 자존심 대결이기도 하기 때문에, 무조건 일등을 해야 하는 대회였다.

최고로 좋은 프로젝트를 구상하고 기획해야 했다. 하지만 잘하려고 할수록 도저히 프로젝트를 구상하고 기획할 수가 없었다. 그래서 며칠 고민하면서 아까운 시간만 낭비하며 흘려보냈다. 도저히 프로젝트를 구상할 수 없어서, 마음을 비우고 전략을 바꾸기로 결심했다.

바꾼 전략은 무조건 한 시간에 하나를 기획하자는 것이었다. 시간 압박을 하여 뇌를 자극해 보자는 것이었다. 그래서 그중 좋은 것을 하나 선택하기로 한 것이다. 그렇게 전략을 바꾸자, 프로젝트 하나를 기획하고 구상하는 데 불과 십 분도 걸리지 않았다. 너무나 쉽게, 너무나 좋은 아이디어들이 샘솟기 시작했다.

비로소 나는 뇌가 좋아서 미쳐 날뛰는 상황을 손쉽게 만들어 낼 수 있었다. 하루 동안 무려 30개의 프로젝트를 구상하고 기획하였고, 그중 가장 좋다는 평을 받은 것을 하나 선택하였다.

그리고 며칠 후인 6시그마 프로젝트 경연 대회에서 보기 좋게 대상을 받았다. 그때 받은 자랑스러운 상패는 지금도 필자의 책상에 놓여 있다. 그 상패를 볼 때마다 필자는 생각한다. 천재가 되기 위해서는 뇌를 잘 활용할 줄 알아야 한다는 사실을 말이다. 최고의 작품을 만들기 위해 필요한 것은 충분한 시간이 아니라 충분한 뇌의 자극인 것이다.

〈보랏빛 소가 온다〉의 저자인 베스트셀러 작가 세스 고딘은 자신의 또 다른 저서인 〈린치핀〉에서 다음과 같이 말했다.

"어떤 일을 마무리했다고 그것이 곧 걸작이 되는 건 아니다. 나는 책을 100권 이상 만들어 냈다. 물론 모든 책이 잘 나가지는 않았다. 하지만 그 책들을 쓰지 않았다면, 나는 이 책을 쓸 기회를 갖지 못했을 것이다. 피카소는 1,000점 이상의 그림을 그렸다. 그렇기 때문에 사람들은 피카소의 그림을 3개 이상 알고 있는 것이다."

그의 이 말은 공부를 하든, 작품을 만들든, 무엇을 하든 시간 제한을 두고 뇌를 압박하면서 많이 해보고 실패를 두려워하지 않고 연습하는 것만이 대가가 되고, 공부의 신이 되는 길이라는 사실을 말해 준다.

그가 〈보랏빛 소가 온다〉와 〈린치핀〉 같은 명작을 쓸 수 있던 것은 바로 그전에 그가 쓴 100권이나 되는 책을 통해 쌓인 필력과 혜안, 지혜와 통찰력 때문이다. 그가 그전에 별로 많이 팔리지 않았다는 그 100권의 책을 쓰지 않고, 멋진 작품 하나만을 쓰기 위해 오랫동안 천착했다면 그 멋진 작품 하나는 탄생하지 않았을 것이다.

6장

업무의 달인이 되고 싶다면 뇌를 자극하라

"주의력결핍장애를 가진 사람들이 주의를 집중하려고 노력할수록 더 악화된다는 연구들이 있다. 이들이 집중하려고 할 때 전전두피질의 활동은 실제로 증가되기보다는 감소한다. 부모, 교사, 관리자들이 업무 수행에 대해 더 압력을 가할수록 그들은 대개 점차 비효율적으로 된다. 부모, 교사, 혹은 상관은 이러한 업무 능력 상실을 의도적인 방종으로 해석하게 되고 문제는 더 악화되기 마련이다."

_ 다니엘 G. 에이멘, <그것은 뇌다(문제는 마음이 아니다)>, 171쪽

"성공하기 원한다면 자신을 동기 유발시키는 것이 무엇인가를 이해하는 것이 반드시 필요하다. 경유를 사용하는 차에 휘발유를 집어넣으면 작동하지 않듯이, 어떤 것이 자신의 동기를 자극하는지 이해하지 못한다면 목표를 달성하기 힘들 것이다. 자신의 동기를 유발시키는 것과 끊임없이 목표를 추구하는 사람들이 주는 교훈을 동시에 이해한다면, 가장 적합한 기회를 통해 자신의 재능을 최대로 발전시킬 수 있을 것이다."

_ 비즈니스 심리학의 구루 주디스 L. 조이스, <심리학, 성공의 비밀을 말하다> 중

스위트 스폿을 찾아 최적으로 자극하라

마이크로소프트사를 비롯해 시티은행, 휴렛 팩커드, 미항공우주국(NASA) 등과 같은 세계적인 기업 임직원들의 업무 성과를 향상시키는 데 큰 도움을 주는 세계적인 컨설팅 회사인 RCS의 설립자이자 CEO인 데이비드 록은 업무 성과에 뇌가 미치는 엄청난 영향력을 발견했다.

그 결과 그는 2006년 '신경리더십'이라는 분야를 개척하여, 신경과학을 바탕으로 개인과 조직의 업무수행력을 향상시키는 데 열정을 쏟기 시작했고, 그가 쓴 글은 '비즈니스 위크', '가디언' 등의 저널을 장식하기 시작했다. 그가 쓴 책인 〈일하는 뇌(Your Brain at Work)〉란 책을 보면 스위트 스폿(Sweet spot)에 대한 소개가 나온다.

> "100여 년 전 과학자들은 최고 성과를 거두는 지점인 '스위트 스폿'이 있다는 사실을 알아냈다. 1908년 과학자 로버트 여키스와 존 닷슨이 인간의 과제 수행 능력에 관한 실험을 하면서 이 같은 사실을 발견한 것이다. 그들은 이 결과를 통해서 '역U자 곡선'을 고안했다. 그들의 주장에 따르면 스트레스가 적으면 수행 능력이 떨어지고, 스트레스 수준이 적당하면 스위트 스폿에 이르며, 스트레스가 높으면 다시 수행 능력이 떨어진다고 한다."
>
> : 데이비드 록, 〈일하는 뇌〉, 108p.

이 글처럼 적당한 수준의 자극은 우리의 뇌를 최상의 컨디션으로 만들어 글자 그대로 달콤한 황홀경에 빠져들게 해주면서 동시에 최고의 성과를 창출하는 지점에 우리를 도달하게 해준다.

그런데 이러한 '스위트 스폿'에 도달하는 조건과 그렇게 도달한 순간에 우리가 느끼는 감정은 결국 미하이 칙센트미하이 박사가 주장했던 몰입(Flow)에 빠져드는 최적의 상태와 몰입하였을 때 우리가 느끼는 감정 상태와 다르지 않다는 사실을 발견할 수 있다.

미하이 칙센트미하이 교수는 〈몰입, FLOW(미치도록 행복한 나를 만난다)〉라는 책을 통해 '역U자 곡선'의 정상에 다다른 상태를 설명한 적이 있다. 그는 그 상태가 바로 자극이 너무 많지도 않고 너무 적어서 지루하지도 않은 최적의 상태라고 피력했다.

이렇게 스위트 스폿 지점에 도달한 상태에서 일하면 그야말로 물 흐르듯(Flow) 막힘없고 거침없이 엄청난 업무량을 소화해 낼 수 있고, 그렇게 하면서도 활력이 넘치고 에너지가 줄어들지 않는다. 이러한 상태가 되면 평범한 뇌가 비범한 성과를 창출하는 비범한 뇌로 전환된다.

비범한 성과를 너무나 쉽게 창출하는 사람들, 천재적인 작품을 수도 없이 많이 만드는 천재 작가, 화가, 작곡가들은 모두 오랜 시행착오, 경험, 연습, 훈련을 통해 이러한 스위트 스폿 상태를 만드는 것을 몸으로 체득해 버린 이들이다. 그래서 그 상태를 쉽고 간단하게 만드는 방법이 생활에 그대로 녹아들어 지속적으로 비범한 성과를 내는 것이다.

비즈니스 심리학의 구루 주디스 L. 조이스 박사는 자신의 저서인〈심리학, 성공의 비밀을 말하다〉를 통해 자신이 원하는 것을 성취해 성공하는 사람들의 성취 기술에 대해 말한 적이 있다.

"성공하기 원한다면 자신을 동기 유발시키는 것이 무엇인가를 이해하는 것이 반드시 필요하다. 경유를 사용하는 차에 휘발유를 집어넣으면 작동하지 않듯이, 어떤 것이 자신의 동기를 자극하는지 이해하지 못한다면 목표를 달성하기 힘들 것이다. 자신의 동기를 유발시키는 것과 끊임없이 목표를 추구하는 사람들이 주는 교훈을 동시에 이해한다면, 가장 적합한 기회를 통해 자신의 재능을 최대로 발전시킬 수 있을 것이다."

: 주디스 L. 조이스, 〈심리학, 성공의 비밀을 말하다〉, 27p.

그가 말하는 '자신을 동기 유발시키는 것이 무엇인가를 이해한다'는 것은 결국 다른 말로 자신이 어떻게 하면 스위트 스폿 지점에 갈 수 있는지를 이해한다는 것과 같은 것이라고 필자는 생각한다.

업무의 달인이 되고 싶다면 자신의 스위트 스폿 지점, 자신을 동기 유발시키는 것을 찾아내야 한다. 그렇게 하기 위해서 끊임없이 도전하는 삶을 살아야 한다. 자신이 한 번도 해보지 않은 일을 해봐야 하고, 자신이 가진 지식과 능력을 훨씬 뛰어넘는 일도 해봐야 하고, 힘들고 두려운 일도 해봐야 한다. 그러한 도전을 통해 뇌가 최적의 자극을 받는 순간을 경험하고, 스스로 동기를 유발시키는 것이 무엇인지를 알게 된다. 도전은 권태감, 무기력, 낮은 자아존중감, 자포자기, 목표 상실 등의 여러 증상을 미연을 방지해 준다는 점에서도 매우 중요한 뇌 자극법이다.

매 순간 최고의 성과를 내는 사람들의 비밀에 대해 파헤친 〈나를 뛰어넘는 법〉이란 책을 보면 뇌에 자극을 주는 일의 중요성을 다음과 같이 표현한다.

> "우리가 흡수하는 정보와 경험을 나는 '자극(stimulus)'이라 부른다. 자극은 생각을 고무하는 원천이다. 모든 창조적 아이디어는 이미 존재하는 아이디어나 여러 개의 단편적 자극을 새롭게 조합한 결과로 탄생한다. 우리가 경험하는 자극을 통해 사고의 전환이 일어날 수도 있고, 세상을 바라보는 시각이 달라질 수도 있다. 하지만 많은 크리에이티브들이 두뇌에 입력되는 자극에 대해서는 그다지 신경을 쓰지 않는다."
>
> : 토드 헨리, 〈나를 뛰어넘는 법〉, 186p.

우리 두뇌에 입력되는 자극에 따라 우리는 천재가 될 수도 있고, 평범한 사람이 될 수도 있다. 그렇기 때문에 자기 자시에게 최적의 자극을 줄 수 있는 방법을 찾아야 한다. 이 책에서 필자가 제시하는 여러 가지 자극법을 참조하여 더 높은 가능성의 세계로 나아가기를 바란다.

고수가 되고 싶다면 뇌를 활용하라

긴급함을 통해 자극하고 스피드를 즐겨라

~~~~~~

"NASA의 프로그래머는 일반적인 사람보다 신속하게 일을 처리하기 위해 뇌를 어떻게 사용해야 하는지를 잘 알고 있다. 따라서 결과적으로 방대한 전문지식을 흡수할 수도 있고, 보통 사람보다 500배나 빠른 속도로 프로그램을 완성할 수도 있다. 반대로 일반적인 사람들은 뇌의 일 처리 속도가 매우 느리다. 게다가 대부분의 사람들은 자신의 뇌가 얼마나 느린 속도로 일하는지 깨닫지 못하고 있다. 그 때문에 비약적으로 자기 자신을 끌어올릴 능력이 충분히 있음에도 불구하고 실현시키지 못하고 있다."

: 토마베치 히데토, <초시간 뇌>, 31p.

<초시간 뇌>의 저자인 토마베치 히데토는 NASA 엔지니어는 일반인보다 일 처리 속도가 500배나 빠르다고 이야기한다. 그리고 네 자릿수의 곱셈, 덧셈을 1초 만에 암산하는 사람이 있는가 하면 1시간 만에 소설책 두 권을 뚝딱 읽어 내는 사람도 있다고 한다. 그리고 어떻게 이것이 가능한지 우리에게 묻는다.

그는 말한다. 문제는 '뇌의 일 처리 속도'라고 말이다. 그는 자신의 책을 통해 하루를 48시간처럼 쓰는 시간 창출 뇌 단련방법으로 어떤 동

작이든 1초라도 빨리 하는 클릭 사이클을 높이고, 여러 가지 일을 동시에 하는 병렬도를 높이고, 효율적이고 큰 일 처리 프레임으로 일하라고 말한다. 그는 '일을 빨리 하고 잘하는 사람들은 뇌의 일 처리 속도가 높다'고 주장하면서 일 처리 속도를 높여주는 방법 중의 하나로 목표를 세우는 동기 부여를 꼽는다.

다시 말해 뇌를 잘 사용할 줄 알고, 뇌를 자극하면 일을 빨리 할 수 있다는 말이다. 업무의 달인이 되고 싶은 사람이라면 반드시 뇌를 제대로 자극할 줄 알아야 한다. 뇌를 자극하는 비결 중 하나는 긴급함을 통해 뇌가 스피드를 즐기도록 하는 것이다.

신경과학자들은 과학 기술의 발달 덕분에 뇌의 여러 부위에서 관찰되는 자극 수준을 쉽게 측정하게 되었다. 그들이 사용하는 뇌 자극 측정 방법 중 하나는 뇌파(EEG)를 이용하는 것인데, 두개골에 감지기를 부착해 뇌의 전기 활동 종류와 수준을 측정하는 방식이다. 이와 함께 기능적자기공명영상(fMRI)을 이용하여 혈류량의 증가를 통해 자극을 측정하는 방법도 있다.

이렇게 우리 뇌의 자극 정도를 쉽게 측정할 수 있게 되자, 자극과 뇌의 활성화 및 뇌의 최상의 컨디션 상태가 어떤 관계에 있는지를 알게 되었던 것이다.

뇌가 받는 자극과 뇌의 최상의 컨디션의 관계는 약간 높은 수준의 적정한 자극이 있을 때 뇌가 더 잘 작동한다는 관계를 보이지만, 자극이 지나치게 높아지면 오히려 뇌기능이 약화되기도 한다는 점을 발견했다. 우리의 뇌가 긴급함을 인식하게 하는 약간 강도 높은 적당한 자극을 받으면, 뇌는 아드레날린이라는 물질을 분비하여 약간 긴장한 채 주의력과 뇌기능들을 하나의 일에 집중시킨다. 그 결과 업무 성과는 향상되고, 짧은 시간에 많은 일을 해내게 된다. 이러한 뇌의 특성을 잘 이해한다면 항상 일할 때, 긴급하다는 사실을 의도적으로 뇌에게 인식시키고, 뇌를 자극해야 할 필요를 느낄 수 있다.

동일한 능력을 갖춘 동일한 수준의 인재가 모인 조직이라도 긴급함이라는 자극을 준 조직과 그렇지 않고 여유를 준 조직 사이에 확연한 업무 성과의 차이가 나타날 수밖에 없는 이유도 바로 여기에 있다. 이러한 사실은 '누구나 주어진 일을 할 때 그 일에 할당된 시간을 남김없이 쓰고자 한다'는 파킨슨의 법칙과 맥락을 같이 한다. 이 파킨슨 법칙을 가장 잘 증명하는 하나의 예는 바로 리포트 작성에 관한 실험 이야기일 것이다.

학생들에게 같은 주제의 리포트를 써내게 하면서 한 그룹의 학생들에게는 일주일 만에 써야 한다는 긴박함을 주었고, 다른 그룹의 학생들에게는 한 달이라는 넉넉한 시간을 주었다. 그렇게 하니 재미있는 결과가 벌어졌다.

긴박함을 준 그룹과 4배나 더 많은 기간을 준 그룹의 리포트 제출 비율은 비슷했다. 더 놀라운 사실은 4배나 더 많은 시간을 확보한 그룹이 낸 리포트의 완성도나 수준이 시간이 약간 부족했을지도 모르는 첫 번째 그룹의 리포트보다 월등히 높지 않았다는 것이다.

즉, 시간을 길게 잡으면 게으름만 늘어나기 때문에, 업무의 완성 및 성과 측면에서는 촉박한 것이 오히려 더 낫다는 것이다.

바로 영국의 역사학자이자 경영연구자인 시릴 노스코트 파킨슨이 1955년 〈런던 이코노미스트〉지에 발표해 유명해진 것이 '파킨슨의 법칙'인데, 그가 발표한 법칙은 2차 세계대전 동안 영국 해군 사무원으로 근무했던 자신의 경험을 바탕으로 그가 인식한 법칙들이다.

* **부하배증의 법칙:** 공무원들은 업무가 늘어나면 일을 도와줄 대등한 협력관계의 공무원이 아닌 부하 공무원을 원한다.
* **업무배증의 법칙:** 부하가 늘어남으로써 업무를 보고하고 감독해야 하는 파생 업무가 생겨나, 업무량은 늘어난다. 그래서 또다시 공무원 수를 늘려야 한다.

'공무원의 수는 본질적인 업무량 증가와는 관계없이, 계속, 증가한다'라는 것이 주된 내용이다. 또, '업무의 성과는 업무에 걸린 시간과 관계없이, 계속, 유지된다'라는 것도 우리는 알 수 있다.

우리가 이 파킨슨의 법칙을 통해 깨달아야 할 중요한 교훈은 결코 주어진 시간이 많다고 해서, 사람이 많다고 해서, 반드시 훌륭한 성과를 거두는 것은 아니라는 사실이다. 오히려 긴박함을 통해 자극을 느낄 때 뇌는 스피드를 즐기고 그 결과 집중하고 몰입하고 긴장함으로써, 업무 성과는 높아진다.

긴급함을 통해 뇌를 자극하고, 스피드를 가지고 일함으로써 경쟁에서 승리한 기업이 바로 삼성이다. 삼성에 대한 이야기는 필자가 쓴 삼성에 대한 여러 책을 통해 읽기를 권한다. 개인과 회사, 조직이 변혁의 시대에 생존할 수 있는 생존 법칙이 고스란히 담긴 책이기도 하기 때문이다. 세 사람이 다녀도 누군가에게 배울 점이 있다고 했다. 하물며 초일류 글로벌 기업으로 우뚝 성장하고 도약한 기업의 스토리를 통해 배울 것이 없을까?

위기를 만났을 때, 그 순간에 포기하지 않고 오히려 더 긴박하고 절박하게, 생존을 위해 모든 힘을 한곳에 쏟아붓고 스피디하게 일하자, 위기가 아닐 때는 아무리 하려 해도 안 되던 혁신 제품이 너무나 짧은 기간에 만들어지는 경이로운 성과가 창출된 것은 바로 이 때문이다.

똑같은 위기를 만났을 때 어떤 사람은 좌초하고 실패자가 되지만, 어떤 사람은 더욱더 성장하고 도약하고 승자가 된다. 이것은 기업도 마찬가지이다. 그렇다면 성공하는 승자들은 어떤 원인 때문에 그렇게 승자가 되는 것일까?

그들에겐 위기를 위기로 생각하지 않고 더욱 분발해야 하는 좋은 기회라고 생각하고 더욱더 긴박하게, 절박하게, 치열하게, 포기하지 않고 끝까지 시도하여 성취해 내는 DNA가 있다.

그런데 승자와 패자를 가르는 DNA의 차이가 비롯되는 근원은 그들의 실력이나 지식이나 경험이 아니라 바로 뇌다. 평소 뇌를 단련시켜서 위기 상황에서 공포와 두려움에 사고와 행동이 마비되게 하지 않고, 반대로 더욱더 치열하게 도전하도록 단련되어 있을 때, 위기를 도약의 기회로 삼는 강자가 되는 것이다.

삼성의 경우, 위기가 아닐 때에도 평소 하드 워킹으로 임직원들을 단련한다. 그래서 업무 강도가 매우 높다. 즉 임직원들의 뇌가 항상 단련되고, 자극을 받고, 스피드와 흥분을 즐기고, 높은 보상을 통해 짜릿함을 경험하도록 한다. 그렇게 단련된 뇌가 강한 체질로 변했을 때, 위기가 오면 그 위기는 파멸되는 위기가 아닌 엄청난 도약을 가능하게 하는 절호의 기회가 된다. 그래서 강자에게는 항상 위기가 실패의 신호가 아닌 도약과 승리의 신호이다. 그래서 뇌의 강자들은 위기가 올 때 담대하고, 두려움을 훨씬 더 잘 극복하고 대처한다.

흥미 유발을 통해 자극하고 흥분을 즐겨라

~~~~~~

평범한 사람들이 비범한 업무 성과를 창출하는 방법 중 하나는 흥미 유발을 통해 뇌를 자극하여 흥분을 즐기는 것이다.

신명이 나면 뭐든지 해내고, 하루 종일, 밤새 하는 민족이 우뇌 중심의 한국인들이다. 여기서 신명이 난다는 것은 뇌가 짜릿하게 흥분한 상태를 일컫는다. 신명이 날 때, 우리 뇌에서는 어떤 일이 벌어질까? 어떻게 하루 종일 일하거나 놀 수 있고, 지치지 않고, 평범한 자신을 뛰어넘어 비범한 성과까지 창출해 내게 되는 것일까?

신명이 날 때, 우리 뇌 속에서는 도파민이 분비된다. 도파민이 분비되면 강도 높은 자극을 받고, 짜릿함을 느낀다. 그 결과 몰입하고, 스위트 스폿 상태에 빠져든다.

리더십 권위자이자 신경리더십의 개척자인 데이비드 록은 자신의 저서를 통해 도파민의 특성을 다음과 같이 피력했다.

"노르에피네프린이 경계심을 유발한다면 도파민은 관심을 유발하는 신경전달 물질이다. 이 두 물질은 혈중 수치가 적당하면 적절한 수준의 자극이 형성된다는 점에서는 같지만 뇌에 미치는 영향은 판이하게 다르다.

도파민은 다양한 상황에서 생성된다. 무엇보다 전전두피질에서 신기한 것, 즉 예상하지 못한 것이나 새로운 것을 탐지하면 도파민 수치가 상승한다. 아이들은 언제나 새로운 것을 좋아한다. 신기한 것을 볼 때 뿜어져 나오는 신경전달물질은 단순한 관심에서 출발해 순식간에 강렬한 욕망으로 변화한다."

: 데이비드 록, <일하는 뇌>, 113~114p.

눈만 뜨면 출근해서 반복되는 업무를 해야 하는가? 그렇다면 어제와 다른 업무 방식, 어제와 다른 업무, 어제와 다른 환경에서 업무를 해 보라. 그러면 놀랍게도 업무 성과가 향상됨을 알 수 있다. 그 이유는 단 한 가지이다. 늘 하던 대로와 다른 업무 방식, 새로운 업무 방식, 새로운 업무 환경에 우리의 몸이 아닌 뇌가 먼저 반응하고, 자극을 받기 때문이다. 그 결과 뇌는 그 어떤 때보다 더 의욕적인 상태로 변신을 마치고, 결과적으로 업무 성과는 점프한다.

삼성이 한국 기업으로는 처음으로, 그리고 최초로 연매출 200조 원을 돌파했다. 삼성이 이렇게 할 수 있던 원인은 삼성이 끊임없이 변화를 추구해 왔기 때문이다. 삼성만큼 오랫동안 변화와 개혁을 강조하고 이를 실천한 기업은 드물다. 그리고 그 결과 삼성은 한국 기업으로서는 최초로 글로벌 초일류 기업으로 도약하는 기업이 되었다.

1993년 이건희 회장이 신경영 선언을 통해 강조한 것은 변화였다. '마누라와 자식 빼고 다 바꾸라'는 강력한 변화 의지를 통해 삼성은 모든 업무 스타일을 바꾸고, 회의 방식을 바꾸고, 의식을 바꾸고, 사고와 행동을 바꾸었다.

그러한 변화 속에서 삼성의 임직원들의 뇌는 지속적으로 자극받고, 흥미가 유발되었다. 약간의 긴장과 짜릿한 흥분을 느끼면서 삼성의 임직원들은 강도 높은 업무를 소화하면서도 한편으로는 '재미있다'라는 묘한 기분을 느꼈다.

어떤 일이든 흥미를 가지고 달려들 때, 몰입하게 되고, 그 결과 짜릿함을 맛본다. 그 짜릿함은 뇌를 점점 젊어지게 하고, 건강하게 만든다. 이는 결국 수명에도 영향을 미친다.

바로 이런 이유에서 은퇴했을 때나 무직자가 되었을 때, 안락의자에 앉아 과자나 먹으면서 텔레비전을 보는 사람과 은퇴 후나 직장이 없을 때도, 무엇인가를 찾아서 열심히 활동하는 사람의 뇌의 인지 기능과 단련 정도는 매우 큰 격차를 보이는 것이다.

집에서 빈둥빈둥 시간을 소일하는 사람들은 뇌가 제대로 단련되지 않고 나태해져서 결국 운동하지 않은 사람들의 체력이 매우 약해지는 것과 같이 약한 뇌로 바뀐다.

미국 캘리포니아 대학교 로스앤젤레스 캠퍼스(UCLA)의 뇌과학 연구소 소장인 아놀드 사이벨 박사는 '새롭고 신기한 과제들에 대해 관심을 갖는 것이 뇌를 특히 이롭게 한다고 믿는다. 그러므로 과거에 하지 않았던 새로운 일들을 하라'고 말한 적이 있다.

다른 모든 뇌과학자들도 역시 새로운 일을 지속적으로 할 때 뇌가 자극을 받고 왕성하게 활동한다는 사실에 동의한다. 우리의 뇌는 새로운 것, 새로운 방식, 새로운 도전, 새로운 목표, 새로운 동기, 새로운 환경, 새로운 의미, 새로운 장소, 새로운 공부, 새로운 책 등에 의해 흥미가 유발되고, 자극되며, 이 흥분을 즐긴다.

〈뇌를 젊게 하는 8가지 습관〉의 저자인 마이클 겔브 박사는 자신의 저서를 통해 낯선 것을 피하던 습관을 버리고 새로운 것에 끊임없이 접촉해야 뇌기능 저하를 막을 수 있다고 말했다.

> "타고난 성향은 나이와 상관없이 언제든 회복할 수 있다. 신경과학자 리처드 레스탁은 말한다. '나이가 너무 많다는 생각은 버려라. 뇌를 더 나은 쪽으로 변화시키기에 너무 늦은 나이란 없다. 뇌는 우리 몸속 그 어떤 기관과도 다르기 때문이다. 간, 폐, 신장 등의 기관은 사용할수록 기능이 떨어지지만, 뇌는 사용할수록 기능이 향상된다.' 그렇다면 어떻게 해야 뇌를 잘 사용할 수 있을까? 낯선 것을 피하던 습관을 버리고 새로운 것을 배울 기회를 두 팔 벌려 환영하라. 아직도 새로운 것에 도전하기가 꺼려진다면, 우리 뇌가 수백만 년의 진화를 통해 우주에서 가장 강력한 학습 구조를 갖추게 되었다는 사실을 되새겨라."
>
> : 마이클 겔브, 〈뇌를 젊게 하는 8가지 습관〉, 69p.

업무 성과를 향상시키는 방법은 바로 이러한 뇌의 비밀 속에 있다. 모든 것을 낯설게 하고, 낯선 것에 지속적으로 도전함으로써 뇌사용을 극대화하는 것이다. 바로 흥미 유발을 통해 뇌를 자극하는 것이다.

뇌에 좋은 자극을 줘 업무 스트레스를 해결하라

'성찰하지 않는 삶은 살 가치가 없다.'

소크라테스는 말했다. 그런데 이 말을 좀 더 확장시켜 필자가 직장인들에게 말해 주고 싶은 것이 있다.

'자신의 업무를 성찰하지 않는 사람은 일할 가치가 없다.'

이 말은 무슨 뜻일까?

그것은 일하는 사람은 반드시 자신이 하는 일의 성격과 그것으로 자신의 몸과 마음, 뇌가 받는 스트레스가 어떤 종류의 것인지, 그리고 그것을 어떻게 풀어야 할지 끊임없이 성찰해야 한다는 의미이다. 그렇지 않으면 그 분야에서 오래갈 수 없고 일도 잘할 수 없다.

한마디로 일하는 사람은 무엇보다 업무 스트레스를 주기적으로 풀어야만 일을 잘할 수 있다. 업무 스트레스를 풀지 않고 일할 경우 비범한 성과를 창출하는 상태를 길게 지속할 수 없다.

그렇다면 업무 때문에 받은 스트레스는 어떻게 풀어야 할까? 우리는 일하면서는 기쁨과 즐거움을 누려야 정상이다. 하지만 스트레스가 없을 수는 없다. 특히 직장 생활을 하는 직장인들에게는 업무 스트레스가 반드시 존재한다.

이러한 업무 스트레스를 완벽히 피할 수는 없지만 예방할 수 있고, 그 영향도 줄일 수 있다. 그렇게 하는 가장 좋은 방법은 뇌에 신선한 자극을 주어 다른 것에 주의를 돌리게 하는 것이다. 구체적인 방법이라면 바로 업무 중에 가볍게 산책을 하거나 스트레칭을 하는 등 가벼운 신체 활동을 하는 것이다.

대부분의 직장인들은 의자에 앉아 많은 시간을 보낸다. 그렇기 때문에 '의자에서 일어나 주위를 돌아다니는 것'도 뇌가 골치 아픈 업무가 아닌 다른 것에 쉽게 주의를 집중하게 하여 뇌의 다른 부위를 활성화시켜 스트레스를 풀도록 돕는다.

과거 철학자들 중에 산책을 좋아한 철학자나 철학학파가 존재하는 것도 이와 같은 맥락에서 이해할 수 있다. 산책을 하면 골치 아픈 일이나 문제로 인해 오랫동안 과부하가 걸린 뇌의 특정 부위의 과부하가 사라지고, 뇌의 다른 부위가 자극되고, 활성화되어 새로운 힘과 에너지, 영양분이 공급된다.

자신이 하는 일이 통계나 분석 같은 수학적인 사고를 해야 하는 업무라면 분명히 뇌의 해당 부분만 과부하가 걸려 스트레스를 받는다. 그때 가끔씩 시를 읽거나 잠깐 소설을 읽으면 놀랍게도 스트레스가 사라지고 일에 더 몰입할 수 있다. 뇌의 다른 부위를 작동시키기 때문이다. 만약 편집 작업이나 글쓰기 같은 작업을 하는 기자나 작가라면 가끔씩 난이도 높은 수학 문제를 풀어 보는 것만으로 업무 스트레스를 확실하게 줄일 수 있다. 의자에 앉아 일하는 사무실 직원들이 산책과 스트레칭, 가벼운 운동 뒤 다시 일할 때 엄청난 집중력과 에너지를 느끼는 것도 바로 이런 이유에서이다.

업무 스트레스를 줄이기 위해 뇌에 좋은 자극을 주는 방법 중 또 다른 하나는 뇌에게 자율권을 최대한 많이 부여해 주는 것이다.

시키는 것만 하면 개도 미친다. 하물며 인간은 어떨까? 누군가 시키는 일만 계속하면 미치기 일보 직전의 상태가 되는 것은 당연하다. 그만큼 큰 업무 스트레스를 받는 것이다. 그렇기 때문에 이런 때는 최대한 자신에게 스스로 많은 자율권을 주어야만 한다.

앞에서도 몇 번 언급한 리더십의 권위자인 데이비드 록은 선택할 수 있는 자율권이 우리의 스트레스를 줄일 수 있다고 자신의 저서를 통해 피력한 적이 있다. 그가 말한 대목을 살펴보자.

"아무리 사소한 것이라도 선택을 할 수 있으면 뇌에 상당한 영향을 미칠 수 있다. 비호감 반응을 밀어내고 호감 반응을 이끌어 낼 수 있는 것이다. 어떤 물건을 밀어내는 행위 대 끌어당기는 행위가 뇌에서 이러한 반응을 만든다고 생각하면 된다. 감정 상태는 때때로 너무나 간단하게 변하곤 한다. 단어나 구절 하나가 바뀌는 것만으로도 큰 차이가 날 수 있다.

지금 교통 체증에 갇혀서 차가 밀린다며 분통을 터뜨리고 있다고 하자. 뇌가 이런 상태면 서류를 집에 두고 온 것처럼 사소한 실수에도 큰 좌절감을 느끼게 된다. 그러다가 어느 순간에 연출자가 끼어들어 '일단 좌절감을 잊고 느긋하게 운전에 집중하자'고 마음을 다잡을 수도 있다. 밤늦게까지 글을 써야 하는데 낮부터 툴툴거리느라 소중한 에너지를 낭비하면 안 되기 때문이다. 상황의 노예가 되지 말고 스스로 정신 상태에 책임을 지기로 다짐한다."

: 데이비드 록, <일하는 뇌>, 197p.

주어진 업무, 주어진 상황에서 최대한 많은 선택권을 확보하기 위해서는 그 상황, 그 업무를 재해석할 수 있는 스킬을 갖추어야 한다. 그렇게 하기 위해서는 인생을 큰 시야로 바라보는 능력이 필요하다. 전화위복, 새옹지마, 전승불복, 고진감래 같은 말처럼 인생은 우리가 생각하는 것만큼 좋은 것도 나쁜 것도 나쁜 것도 아니다. 다만 우리가 생각하는 방향일 뿐임을 알아야 한다.

심리학자들의 주장을 보면, 복권에 당첨된 사람도 6개월이면 심리 상태가 보통 사람과 비슷한 수준이 된다고 한다. 이는 심리적인 상태를 말하며, 실제로는 복권에 당첨된 사람 중 주체할 수 없이 많아진 돈 때문에 3년 안에 파산하고 이혼하고 자살하는 사람들이 엄청나게 많다고 한다.

반대로 교통사고를 당해 하반신이 마비되어 걷지 못하게 된 사람의 경우, 처음에는 좌절하고 슬퍼하지만 6개월만 지나면 보통 사람과 행복의 수준이 비슷해진다는 것이다. 다시 말해 우리에게 발생하는 상황이 우리를 절대적으로 행복하게 할 수도 없고 불행하게 할 수도 없다는 것이다.

그렇기 때문에 상황의 노예가 되기보다는 스스로 통제권을 가지고 자신의 인생을 개척해 나가는 자세가 필요하다. 스스로 통제권을 가진다는 것은 결국 일어나는 상황에 대한 해석을 자신이 추구하는 삶의 방향에 맞추어 재해석한다는 것을 의미한다.

자! 그러니 이제 업무 스트레스를 현명하게 풀고, 좀 더 스마트하게 업무 성과를 창출해 보도록 하자.

보상과 기대를 자극해 업무 뇌로 변신시켜라

'구하라, 그러면 찾을 것이다.'

위 성경 말씀을 기독교 신자들은 수도 없이 들었을 것이다. 그런데 신경과학계에서는 이 말이 금과옥조와 같은 말이라는 사실을 아는가?

왜냐하면 인간이 무엇인가를 기대하고 그것을 구할 때, 모든 뇌세포와 신경은 바로 그것과 관련된 것만 보고 인식하고 말하고 행동하게 만들기 때문이다. 한마디로 구하고 싶은 바로 그것에 온통 몰두하게 만드는 것이다.

그 결과, 구하던 일이 기적처럼 일어난다는 것은 놀라지 않을 수 없는 일이다. 실제로 같은 노력을 하고, 같은 시간 동안 같은 양의 연습을 해도 기대를 많이 하면서 목표를 높게 잡은 사람과 그렇지 않은 사람 사이에는 성과 면에서 격차가 발생한다. 그런데 그런 격차를 발생시키는 원인이 바로 뇌의 보상 메커니즘과 기대 심리로 뇌가 자극받고 일 잘하는 업무 뇌로 변신하느냐 아니냐의 차이 때문인 것이다.

현대 경영학의 창시자인 피터 드러커는 '조금밖에 바라지 않으면 성장도 없다. 많은 것을 추구하면 같은 노력으로 거인으로 성장할 수 있다'라고 말한 적이 있다.

실제로 '플라시보 효과'가 우리 주위에서 많이 발생하는 것은 '기대심리'를 통해 뇌가 자극받고 그것이 뇌가 최대의 힘을 목표에 집중하게 만들기 때문이다. 희망이 우리들에게 반드시 필요한 이유는 이처럼 기대에 힘이 있기 때문이다. 기대가 사라지면 우리는 최악의 결과를 얻기 쉽다.

제2차 세계대전 당시 한 헝가리 부대는 알프스산맥에서 길을 잃었다. 모두 혹독한 추위와 폭설로 절망에 빠졌으나 다행히 한 병사가 배낭에서 구겨진 지도를 발견해 알프스산맥에서 빠져나올 수 있었다. 그런데 나중에 보니 이 지도는 알프스산맥이 아닌 피레네산맥 지도였다.

그렇다면 도대체 잘못된 지도는 무슨 역할을 했던 것일까? 바로 플라시보, 위약효과처럼 지친 병사들에게 살아날 수 있다는 기대를 가지게 해주었던 것이다. 그러한 기대로 뇌가 자극받자 비범한 성과를 창출하는 뇌로 바뀌어, 훨씬 더 똑똑해지고 스마트해져 알프스산맥에서 빠져나오는 결과를 만들어 냈다. 만약 절망에 빠진 상태에서 한 병사의 배낭에서 잘못된 지도일망정 그 어떤 것도 발견되지 않았다면, 이 병사들은 모두 좌절과 절망으로 알프스산맥에서 빠져나오지 못하고 굶거나 얼어 죽었을지 모른다.

이처럼 무엇인가를 기대한다는 것은 자기 자신의 뇌 속에 잠자는 무한 능력을 깨우는 것이라고 할 수 있다.

이 기대의 위력에 대해 가장 설득력 있는 실험을 한 사람은 미국의 교육 심리학자 로젠탈이다. 그는 1964년 샌프란시스코의 한 초등학교에서 전교생을 대상으로 지능검사를 한 후 검사 결과와 상관없이 무작위로 한 반에서 20% 정도의 학생을 뽑았다. 그리고 그 학생들의 명단을 교사에게 주면서 '지적 능력이나 학업 성취의 향상 가능성이 높은 학생들'이라고 믿게 하였다. 즉, 교사들이 그 학생들에게 기대를 가지도록 했다.

8개월 후, 이전과 같은 지능검사를 다시 실시하였는데 그 결과, 명단에 속한 학생들은 다른 학생들보다 평균 점수가 높게 나왔다. 뿐만 아니라 학교 성적도 크게 향상된 것으로 나왔다. 명단에 올랐던 학생들에 대한 교사의 기대가 중요한 요인이 된 것이다.

이후 군인, 사관생도, 기술자 등을 대상으로 실시한 실험에서도 비슷한 결과가 나왔다. 이를 로젠탈 효과(Rosenthal Effect)라고 부르게 되었다. 교사가 학생에게 거는 기대가 실제로 학생의 성적 향상에 효과를 미친다는 것을 입증한 것이다.

그런데 이러한 기대에 따른 효과가 자기 자신에 대한 기대에서도 똑같이 발생한다는 사실을 아는가? 그것이 바로 '자기 암시 효과'이다.

사회학자 로버트 머튼은 기대한 만큼 결과를 얻는 데 효과가 생긴다는 것을 발견했다. 즉 자기 자신에게 기대를 하고 어떤 암시를 주면 실제로 그 일이 이루어지는 것을 '자성예언(自成豫言)'이라고 명명한 적이 있다.

'나는 최고의 선수다'라고 자기 암시를 하고, 최고의 선수처럼 활약할 것을 기대하자 실제로 최고의 선수가 된 사람이 바로 박지성 선수다. 그는 고등학교 때까지는 평범한 축구 선수였다. 아무도 그를 비범한 선수로 인정해 주지 않았고, 실제로도 그랬다. 하지만 그는 항상 축구 시합을 할 때 자기 자신에게 최고의 기대를 걸었다. '나는 이 운동장에서 최고의 선수다'라는 기대는 뇌를 자극하기에 충분했고, 뇌는 실제로 그것을 통해 비범한 성과를 창출하는, 일하는 뇌로 변신하였다.

바로 이런 맥락에서 피를 끓게 하는 높은 목표를 설정하는 것은 매우 중요하다. 목표를 설정하지 않은 채 그저 일하거나 연습할 때는 연습 효과나 업무 성과가 그렇게 높게 나오지 않는 다. 하지만 높은 목표를 설정하고, 그 목표의 필요성에 대해 확고하게 인식하고 행동할 때는 엄청난 성과가 창출된다. 그것은 바로 뇌가 자극을 받아, 모든 역량을 총동원하여 목표에 집중하기 때문이다.

이러한 사실에 대해 데이비드 록은 '기대가 뇌의 기능도 바꿀 수 있고, 기대를 하면 도파민 분비 수치도 높일 수 있다'고 말했다. 또한 기대라는 것은 앞으로 있을지도 모르는 일에 대한 보상 심리를 뇌로 하여금 인식하게 하여 더 큰 자극과 동기 부여를 만든다고 했다.

세계 최고의 경영 컨설턴트 중 한 명인 브라이언 트레이시 역시 목표의 중요성에 대해 강조한 바 있다. 그는 목표가 명확하면 자신감이 커지고, 능력이 향상되며, 동기 부여의 수준이 높아진다고 말했다.

그는 '뚜렷한 목표를 지닌 평범한 사람들이 자신이 무엇을 원하는지 제대로 모르는 천재를 이기는 모습을 여러 번 목격했다'고 피력한다. 바로 이런 이유에서 성공한 대부분의 사람은 대단히 목표 지향적인 사람들인 것이다.

그리고 이것은 뇌과학적인 맥락에서도 설명이 가능하다. 그는 자기 자신에 대한 생각을 바꾸자 새로운 목표를 설정하고, 새로운 것들을 배우고, 새로운 것들을 시도하게 되어, 수입이 두세 배로 늘어나고 인생이 바뀐 사람들이 적지 않다고 주장했다.

그가 주장하는 자기 자신에 대한 생각을 바꾼다는 것은 결국 자기 자신에게 이전에는 하지 않았던 새로운 기대를 건다는 것을 의미한다. 그렇게 평생 처음으로 자기 자신에 대해 새롭고 높은 기대를 걸자 사람 자체가 바뀌고, 인생이 바뀌는, 뇌가 자극받은 업무 뇌로 변하는 마법이 일어났다.

이전에 한 번도 성취한 적이 없는 것을 성취하기 위해서는 이전에 한 번도 되어 본 적이 없는 사람이 되어야 한다는 말이 있다. 그런데 이전에 한 번도 되어 본 적이 없는 사람이 된다는 말은 이전에 한 번도 자기 자신에게 기대를 걸지 않아 본 사람이 비로소 기대를 하고, 그로 인해 뇌가 업무 뇌로 바뀌고, 그 결과 비범한 성과를 창출하는 것을 말한다고 필자는 생각한다.

〈업무 뇌〉라는 책의 저자인 모기 겐이치로 박사는 죽어라 일해도 성과를 내지 못하는 직장인들의 문제는 뇌에 있다고 말하면서, 업무의 달인이 되고 싶은 사람이라면 반드시 뇌를 업무 뇌로 전환시켜야 한다고 주장한다.

"뇌의 특성은 사람에 따라 천차만별이다. 운 나쁘게 나와 맞지 않았지만, 앞서 열거한 방식들이 잘 들어맞는 사람들도 분명 있을 것이다. 중요한 점은 누군가의 방식을 그대로 흉내내는 것이 아닌, 자신의 뇌가 기뻐할 방법을 스스로 찾는 것이다.

'업무 뇌'의 핵심은 즐거움 속에서 '뇌의 입출력 사이클을 가동시키는 것'이다. 호기심 속에서 여러 가지 좋은 것들을 보면서 감각계를 단련하고, 이렇게 인풋한 정보를 운동계에서 작품으로 아웃풋함으로써 성장해 가는 것이 무엇보다 중요하다."

: 모기 겐이치로, 〈업무 뇌〉, 11p.

업무의 달인이 되기 위해서는 뇌에 부담이 되는 새로운 도전을 과감히 시도해야 한다. 새로운 것에 뇌가 긴장하고 변하는 이유는 뇌가 엄청난 쾌감과 보상을 기대하기 때문이다. 새로운 도전을 시도할 때 뇌는 이미 그것이 달성되었을 때 받을 보상을 기대하기 시작한다.

기억하자. 뇌는 새로운 도전에 반응한다.

완전하게 미치도록 행복하게 몰입하라

토마스 에디슨, 아인슈타인, 스티브 잡스, 워런 버핏, 레오나르도 다빈치, 스필버그, 빌 게이츠…. 이 사람들의 공통점은 무엇일까?

바로 완전하게 미칠 정도로 몰입할 줄 아는 사람들이라는 것이다. 완전하게 미칠 정도로 몰입할 줄 안다는 것은 뇌를 황홀하게 압박할 줄 안다는 것을 의미한다.

〈몰입(flow), 미치도록 행복한 나를 만난다〉의 저자인 미하이 칙센트미하이 박사는 각 분야에서 창조적 업적을 남긴 100여 명의 인물을 인터뷰하여 창의적인 인간은 어떻게 만들어지는 가에 대한 자신의 주장을 피력한 책인 〈창의성의 즐거움〉을 오래전 출간했다.

그는 40년 동안 시카고대학에서 심리학과 교육학 교수로 재직하면서 '몰입'과 '창조성'에 대한 세계적인 권위자의 반열에 올랐다. 그가 제시하는 창조성의 조건 중 하나인 '몰입'은 그것에 완전하게 미칠 정도로 좋아한다는 의미이다.

"창의적인 사람들은 여러 면에서 서로 다르긴 하지만 한 가지 점에서는 일치한다. 그것은 자신이 하는 일을 사랑한다는 사실이다. 그들을 움직이는 것은 명예나 돈에 대한 욕심이 아니다. 좋아하는 일을 할 따름이다.

제이콥 라비노는 이렇게 설명한다. '나는 재미 삼아 발명을 합니다. 무언가를 만들어서 돈을 벌겠다는 생각으로 시작하지는 않습니다. 험한 세상을 살아가려면 물론 돈이 중요하죠. 그러나 만일 나에게 재미있는 일과 돈 버는 일 중에서 하나를 택하라고 한다면 재미있는 일을 택하겠습니다.'

소설가인 나기브 마푸즈는 좀 더 완곡하게 표현한다. '나는 일에서 얻는 것보다 일 자체를 사랑합니다. 결과에는 상관없이 일에 전념하죠.'"

: 미하이 칙센트미하이, <몰입(flow)>, 133p.

한마디로 창의적인 사람들은 일하는 것을 좋아한다. 즉, 어떤 일을 하느냐보다도 일을 얼마나 좋아하느냐가 중요하다. 자신이 아무리 천재라 하더라도 좋아하지 않고 싫어하는 일을 하라고 하면 절대로 천재적인 능력을 발휘할 수 없다. 반대로 아무리 자신이 평범하다고 할지라도 자신이 정말 미칠 정도로 좋아하는 일을 하면 그 일이 어떤 분야이든 그 분야에서 천재성을 발휘해 낼 수 있다.

그렇다면 왜 이런 현상이 벌어질까?

그것은 인간이 '자신이 좋아하는 일, 미칠 정도로 좋아하는 일을 하면 몰입할 수 있기 때문'이다. 몰입한 인간의 뇌는 그 어느 때보다 천재적인 뇌로 바뀐다.

그리고 바로 그것이 창조성의 비밀이기도 하다. 완벽하게 몰입하면 할수록 당신의 뇌는 천재적이 된다. 천재적인 화가들, 작곡가들, 작가들은 작품을 창작할 때 그 과정에 완벽하게 빠져들고, 그 일과 과정에 완벽하게 미친다.

미하이 칙센트미하이 박사는 자신의 다른 저서인 〈몰입의 재발견〉이란 책을 통해 창조적인 예술가들이 모두 완전하게 미칠 정도로 일하는 그 자체에 몰입한다는 사실을 피력한 적이 있다.

"화가들을 관찰하며 창의성을 파헤치려는 연구자체는 성공적이었으나 나는 거기에서 훨씬 더 중요한 점을 발견하게 되었다. 내가 놀란 것은 화가들이 캔버스 위로 펼쳐지는 그림에 대단히 깊이 몰두한다는 점이었다. 화가들은 거의 최면과 같은 상태에 빠진 채 마음속 영상을 형상화하려고 애쓰는 듯했다. 그림이 흥미롭게 전개되기 시작하면 거기에서 눈을 떼지 못했고, 배고픔과 사회적 의무, 시간과 피로를 모두 잊고 계속 앞으로 나아갔다. 그러나 이러한 상태는 그림을 마무리하기 전까지만 지속되었다. 일단 그림이 완성되고 나면, 화가는 대개 벽에 기대어 또 다른 캔버스로 주의를 전환했다. 그림 그리기가 그토록 매혹적이었던 까닭은 분명 아름다운 그림이 탄생하리라는 기대 때문이 아니라 그리는 과정 자체 때문인 것으로 보였다."

: 미하이 칙센트미하이, 〈몰입의 재발견〉, 19p.

그렇다면 왜 동일한 활동임에도 어떤 사람들은 자신이 하는 일을 더 좋아하고 어떤 사람은 또 미칠 정도로 완벽하게 빠져드는 것일까? 왜 누구는 아무리 해도 빠져들지 못하고 재미도 느끼지 못하는 일을, 또 다른 누군가는 완벽하게 빠져들어 자신도 잊고, 시간과 공간을 초월하는 물아일체의 완벽한 순간을 경험하는 것일까?

　　바로 이러한 질문에 미하이 칙센트미하이 박사는 그것이 '몰입' 상태에 빠져들었기 때문이라고 말한다. 그리고 그것을 '플로우(Flow)'라고 명명했다. 즉, 물결을 따라 흘러가듯 모든 것이 저절로 일어나는 듯한 느낌을 받는다는 것이다.

　　"그런 느낌(집중, 몰두, 깊은 연대감, 기쁨, 성취감 등)은 바로 사람들이 최고의 순간이라고 묘사하는 것들이다. 그것은 언제 어디서든 느낄 수 있지만, 그러자면 정신 에너지를 조화로운 방식으로 활용해야 한다. 그것은 전형적으로 노래를 부르거나 춤을 출 때, 종교의식이나 운동경기에 참여할 때, 좋은 책에 빠져 있거나 훌륭한 공연을 관람할 때 찾아온다. 사랑하는 연인에게 말을 건넬 때, 조각가가 대리석을 깎을 때, 과학자가 실험에 몰두할 때 느끼는 것이다. 이러한 느낌을 나는 '플로우 경험'이라고 이름 붙였다. 연구에 참여한 사람들이 그 인상적인 순간에 마치 '물살에 휩쓸려가는 듯 자연스럽게 행동했다'고 말했기 때문이다."

: 미하이 칙센트미하이, <몰입의 재발견>, 257p.

한 가지 분명한 사실은 완벽하게 미칠 정도로 몰입할 때 우리들이 조화롭게 흐르는 에너지와 몰입하는 대상과 하나가 되어 이 세상의 모든 걱정과 근심, 초조함과 지루함 따위를 모두 초월할 수 있다는 것이다. 또, 몰입으로 이러한 것들을 초월할 수 있을 뿐만 아니라 거대한 물살에 휩쓸려 가게 되므로 자신이 가진 능력 이상의 어떤 것을 해낼 수 있다. 바로 여기에서 필자가 주목하고 싶은 것은 '거대한 물살'의 정체다.

우리가 몰입할 때, 무엇인가에 완전히 빠져들고, 거대한 물살에 휩쓸려 간다고 '느낀다'. 그리고 바로 그 거대한 물살이 우리의 뇌인 것이다.

뇌가 평소보다 훨씬 더 가동률이 높아져 작동할 때, 우리의 몸과 마음, 의식은 그 행위에 깊이 빠져들 수밖에 없다. 우리의 의식과 행동을 주관하는 것이 우리의 뇌이기 때문이다. 그래서 몰입한다는 것은 우리의 숨은 능력과 천재성을 깨우는 것이며, 그것을 뇌과학적인 측면에서 보면, 몰입하는 순간은 바로 뇌가 최대로 움직이는 그 순간이다.

필자는 이것을 뇌의 '풀 온 상태(Brain full on status)'라고 명명하고자 한다. 이러한 용어를 쓸 때 독자들이 이해하기 쉽다고 생각하기 때문이다.

당신이 만약 공부의 신이 되고 싶다면, 업무의 달인이 되고 싶다면, 뇌를 풀가동시킨 상태, 즉 '풀 온 상태'를 잘 만들어 낼 수 있어야 한다. 이 상태를 자주 만들지 못하는 사람과 일을 시작하자마자 짧은 시간에 이러한 상태를 만드는 사람 간의 학습 효과와 성과에는 엄청난 간극이

고수가 되고 싶다면 뇌를 활용하라

발생할 수밖에 없다는 것이 필자의 주장이다.

사람이 정신이 미쳤을 때, 보통 사람의 몇 배로 순간적인 괴력을 낼 수 있는 것은 뇌의 기능이 극대화되었기 때문이다. 바로 이런 맥락에서 몰입을 하면 자신의 능력을 넘어서는 성과를 창출해 낼 수 있다. 만약 뇌의 기능과 육체적인 힘 사이에 연관성이 없을 것이라고 생각하는 사람이 있다면 그것은 매우 큰 착각이다. 우리가 벽돌을 격파하고, 엄청난 힘을 발휘하는 것도 결국 정신과 관계가 있고, 그 정신은 우리의 뇌가 주관한다.

이러한 사실을 좀 더 생각하게 만드는 재미있는 신문 기사를 최근에 본 적이 있다. 누구는 맨손으로 벽돌을 격파할 수 있고, 누구는 그럴 수 없다. 그런데 그 차이가 바로 뇌의 차이라는 것을 아는가?

영국 임페리얼 칼리지 런던(Imperial College London)대 연구팀은 〈세리브럴 코르텍스(Cerebral Cortex, 대뇌피질)〉지 최신호를 통해 가라테 고수 12명과 체력이 좋은 초보자 12명의 펀치력을 비교하여 고수들이 맨손으로 벽돌을 격파할 수 있는 비결은 육체적인 힘에 있는 게 아니라 '뇌의 힘'에 있다는 연구결과를 발표했다.

고수들의 격파 비결이 실제로 육체적인 근육에 있는 것이 아니라 뇌를 얼마나 단련하였는가에 있었기 때문이다. 즉, 어깨와 손목의 최고 속도를 결합시켜 가속도를 높이고 충격을 크게 만드는 최적의 조합을 뇌가 간파하고 그것을 재현하는 능력을 갖추면, 벽돌을 격파해 낼 수 있다는 것이다.

연구진은 펀치력 비교 후 두 그룹의 뇌영상(MRI)을 비교했다. 그 결과 펀치력이 큰 사람들의 뇌백질 구조에 변화가 일어난 것을 발견했다. 백질은 뇌의 정보처리 영역 간에 신호를 보내는 부위인데 훈련 기간이 긴 사람일수록 큰 변화를 나타냈다.

연구팀의 책임자 에드 로버츠는 "고수들이 펀칭 동작을 반복적으로 조정하는 능력은 초보자들이 따라갈 수 없는 수준"이라며 "이런 능력은 운동조절을 담당하는 소뇌 내부의 미세한 신경연결부 조절과 관련된 것으로 보인다"고 말했다.

한마디로 가라테(공수도) 고수들이 맨손으로 벽돌을 격파하는 비결은 체력이 아닌 뇌의 힘에 있다는 결과인 것이다.

이렇게 벽돌을 격파할 수 없는 사람이 오랜 훈련을 통해 벽돌을 격파하는 고수가 되는 것은 결국 뇌를 단련하고 뇌를 최대로 활용했다는 것을 의미한다. 즉, 몰입이란 자신의 뇌를 풀가동시켜서 자신의 능력을 넘어서 뇌 속에 숨겨진 무한 능력에 자신을 맡겨 버린다는 의미이다.

그렇기 때문에 몰입하여 일하는 사람들이 결국에는 그 분야에서 대가로 성장하고, 세계적인 작품을 만들어 내는 것은 매우 당연한 일일지도 모른다. 자신의 업무에서 달인이 되고, 자신이 선택한 분야에서 대가가 되고 싶다면 '완전하게 미치도록 행복하게 몰입하는 것이 가장 좋은 방법'이라고 필자는 말하고 싶다.

뇌건강에 좋은 습관 10가지

1. 모든 일에 감사하고 긍정하는 습관
2. 걷기, 씹기, 웃기, 노래 부르기, 춤추기를 자주 하는 습관
   - 인간에게 가장 기본적인 리듬 운동인 걷기, 씹기를 비롯해서 웃기, 노래 부르기, 춤추기 등의 적극적인 신체 활동을 통해 세로토닌 신경은 자극받고 활성화된다.

3. 조깅, 수영 등의 운동을 꾸준히 하는 습관
4. 매일 뭔가 새로운 것을 배우고 공부하는 습관
5. 좋아하는 일을 하는 습관
6. 삶의 의미와 목적을 갖고 도전하는 습관
7. 물을 자주 마시고, 적절한 영양을 취하는 습관
8. 사랑하는 사람들과 함께 많은 시간을 보내는 습관
9. 타인을 위해 기도하고 명상하는 습관
10. 재미있고 즐겁고 활력을 주는 일들을 찾아서 하는 습관

뇌건강에 좋지 않은 습관 10가지

1. 빈둥빈둥 시간을 흘려보내는 습관

2. 술, 담배, 카페인을 자주 즐기는 습관

3. 부정적인 측면에 초점을 맞추는 습관

4. 집착하는 습관

5. 삶의 목적과 계획을 세우지 않고 그저 사는 습관

6. 부정적인 표정과 말을 자주 사용하는 습관

7. 책과 공부에 담을 쌓고 사는 습관

8. 죄책감이나 실수에 너무 연연하는 습관

9. 타인의 시선이나 결과에 너무 크게 신경 쓰는 습관

10. 타인을 배척하고 경청이나 대화를 싫어하는 습관

뇌가 인생의 차이를 만든다

현대 지성계에 격렬한 논쟁을 일으키고, 거대한 생각의 전환을 일으켜 논란의 중심에 선 뇌과학서가 있었다. 바로 알바 노에의 〈Out of our heads〉라는 책이다. 우리나라에서는 〈뇌과학의 함정〉이라는 제목으로 출간되기도 했다. 이 책에서 알바 노에는 명확하고 확신 있는 어조로 다음과 같은 사실을 주장한다.

"현재의 뇌과학으로는 인간에 관한 그 어떤 비밀도 밝혀 낼 수 없다."
그러면서 다음과 같이 말했다.

"신경과학자, 심리학자, 철학자들이 힘을 합쳐 수십 년 노력한 끝에 뇌가 어떻게 우리를 의식 있는 존재로 만드는가에 관해 독보적으로 떠오른 안은 한 가지뿐이다. 어떤 단서도 없다는 것, 의식의 새로운 신경과학에 열광하는 사람들조차 현재까지는 경험-빨강이 어떻게 빨갛다는 느낌!-이 어떻게 뇌의 작용으로 발생하는지에 대해 그럴듯한 설명을 내놓은 사람이 아무도 없음을 시인한다. 그 모든 과학 기술과 동물 실험에도 불구하고, 우리는 100년 동안 경험의 신경적 토대 파악에 아무런 진전도 보지 못했다. 현재 우리에게는 개별 세포들의 행동이 의식에 어떤 기여를 하는가에 대한 임기응변적 이론조차도 없다."

그의 주장에 무조건 반대하는 것은 아니지만 우리가 뇌를 과거 어느 때보다 훨씬 더 잘 활용하고 이해하게 되었음도 부인할 수 없다고 말하고 싶다. 그리고 이를 통해 뇌를 잘 활용하고 지배하는 사람이 결국엔 자신의 인생과 세상을 잘 통제해 나갈 수 있다고 필자는 믿는다.

'뇌를 지배하는 사람이 세상을 지배한다.'

정말 멋진 말이다. 자신의 뇌를 잘 지배하고 활용할 줄 아는 사람만이 세상을 지배하고 리드해 나갈 수 있다. 그런 점에서 뇌의 다양한 메커니즘을 다룬 이 책은 매우 유익한 책이라고 할 수 있다.

이 책을 통해 필자가 말하고자 한 한 가지 사실은 우리의 의식과 행동을 결정하는 것은 우리의 '두뇌'라는 것이다. 그렇기 때문에 두뇌를 잘 활용하고 자극하고 단련할 줄 알수록 당신의 미래는 밝아진다.

바로 당신의 뇌 속에 성공과 부를 얻는 보물 지도이며, 건강하고 행복한 삶을 살아갈 수 있는 해법, 즉 뇌가 있다. 이 말을 좀 더 자극적으로 한다면, 당신의 삶은 곧 당신의 뇌의 연장선상이라고 말할 수 있다.

세상을 변화시키고, 자신의 인생과 미래를 변화시키고자 하는 사람이 있다면 무엇보다 자기 자신을 먼저 변화시켜야 한다. 그런데 자기 자신을 변화시킨다는 중요한 걸음은 먼저 자신의 뇌를 변화시키는 데서 시작한다는 사실을 간과해서는 안 될 것이다. 그 뇌의 차이가 당신의 인생을 결정하고 이끌어 나갈 것이다.

그러므로 성공하고 행복한 삶을 살고 싶다면 당신의 뇌와 친해지고, 뇌를 이해하고, 반드시 뇌와 좋은 친구가 되어야 한다. 우리가 명심해야 할 것은 이것이다.

'성공과 부의 열쇠는 이미 우리 손에 쥐어져 있다. 그것은 바로 우리의 뇌이다.'

브레인
이노베이션

초판 인쇄 2020년 7월 1일
초판 발행 2020년 7월 1일

지은이 김병완
발행인 (주)플랫폼연구소 | **출판등록** 제 2020-000075 호
교정, 교열 유민정

전화 010-3920-6036 / 02-556-6036 | **팩스** 050-4227-6427
이메일 pflab2020@naver.com

주소 서울특별시 강남구 역삼로 220 홍성빌딩 1층

ISBN 979-11-970672-1-1 (03000)